서울대,
지금 시작해도
늦지 않았다

북오션은 책에 관한 아이디어와 원고를 설레는 마음으로 기다리고 있습니다. 책으로 만들고 싶은 아이디어가 있으신 분은 이메일(bookrose@naver.com)로 간단한 개요와 취지, 연락처 등을 보내주세요. 머뭇거리지 말고 문을 두드리세요. 길이 열릴 것입니다.

서울대,
지금 시작해도
늦지 않았다

개정판 1쇄 발행 | 2014년 10월 27일
개정판 2쇄 발행 | 2015년 1월 20일

지은이 | 박성원
펴낸이 | 박영욱
펴낸곳 | (주)북오션

경영총괄 | 정희숙
편집 | 지태진
마케팅 | 최석진
표지 및 본문 디자인 | 서정희
법률자문 | 법무법인 광평 대표 변호사 안성용(02-525-3001)

주 소 | 서울시 마포구 월드컵로 14길 62
이메일 | bookrose@naver.com
페이스북 | bookocean
전 화 | 편집문의 : 02-325-9172   영업문의 : 02-322-6709
팩 스 | 02-3143-3964

출판신고번호 | 제313-2007-000197호

ISBN 978-89-6799-054-1 (13370)

*이 도서의 국립중앙도서관 출판시도서목록(CIP)은 e-CIP홈페이지(http://www.nl.go.kr/ecip)와 국가자료공동목록시스템(http://www.nl.go.kr/kolisnet)에서 이용하실 수 있습니다. (CIP제어번호 : CIP2011004326)

박성원 지음

서울대,
지금 시작해도
늦지 않았다

북오션

"어느날 갑자기 서울대를 가야겠다는 생각이 들었다."

고등학교 1학년 겨울방학의 어느 날이었다. 그날도 억지로 학교로 불려가서 자습을 하고 있었다. 딴 생각을 하던 중 문득 '내 미래는 어떻게 될까?' 하는 생각이 들었다. 성적은 고등학교에 입학한 이래로 계속 떨어지고 있었으며 집안 형편은 별로 좋지 않았다. 미래는 비관적이었다. 그날은 유독 감상에 젖어 있었는지, 생각에 몰두하다보니 눈물이 날 것 같았다. 그리고 무엇을 할 수 있을지 고민해 보았다. 답은 이미 정해져 있었다. 고등학생으로서 내가 할 수 있는 일은 공부밖에 없었다.

당시 나는 가정형편상 사교육을 받기 힘들었고 오직 학교 수업만 들을 수 있었다. 때문에 고액의 학원수업을 좇아다니는 동급생들에 비해 혼자 공부하는 시간이 하루에 몇 시간씩 주어졌다. 인생에 대한 첫 도전의 의미로 정말 열심히 공부하겠다고 결심한 것은 나의 선택이었다. 스스로 공부함으로써, 청소년에서 성인이 되는 마지막 관문에서 '홀로 설 수 있음'을 증명하고 싶었다.

공부를 열심히 해야겠다고 생각하니 졸리고 재미없던 학교 수업은 유익한 강의로 변했으며 억지로 불려와 앉아 있던 자습 시간은 귀중한 학습 시간이 되었다. 그런데 인식이 바뀌었다고 바로 현실이 바뀌지는 않았다. 제대로 공부를 해본 적이 없었고, 어떻게 공부를 해야 하는지 알려주는 사람도 없어 혼자 공부하는 방법을 터득해야만 했다.

제대로 공부하는 방법에 대해서 누가 알려주면 좋겠다고 생각했다. 혼자서 공부하는 방법을 하나씩 스스로 알아가면서 결심했다. 좋은 대학에 들어가면 교육과 관련된 활동을 하고 중·고등학생들에게 공부하는 방법에 대해 알려주어 도움이 되도록 하겠다고 말이다.

"내가 깨달은 공부 방법을 알려주고 싶었다."

나는 공신에 가입하고, 서울대학교 봉사단 프로네시스에 가입하여 교육 봉사 활동을 다녔다. 그리고 이제는 책을 통해 좀 더 구체적으로 스스로 하는 공부법에 대해 이야기하려고 한다. 책에 나와 있는 대부분의 내용은 나 스스로 '어떻게 하면 공부를 좀 더 잘할 수 있을까?' 고민하고 시행착오를 겪는 과정에서 알게 된 것이고 지금도 각종 시험공부를 할 때 쓰고 있는 방법이다.

공부를 스스로 열심히 해서 좋은 결과를 내기 위해서는 3가지가 필요하다. 무엇을(what), 왜(why), 어떻게(how) 하는지를 알아야 한다. 많은 학생들이 공부를 '열심히' 하지 않는 이유는 왜(why)가 없기 때문이다. 그리고 열심히 해도 원하는 결과를 얻지 못하는 것은 어떻게(how)가 빠져 있기 때문이다. 많은 수의 학생들이 무엇(what)을 공부할지에만 멈춰서 있다.

나는 서울대에 들어와서 정말 다양한 공부 방법이 존재한다는 것을 알게 되었다. 나는 그중에 하나의 길을 보여줄 뿐이고, 그 길을 선택하느냐 마느냐는 여러분의 몫이다. 자신이 가지고 있는 것이 풍선인지 열기구인지를 판단하는 것도, 그것을 터뜨리느냐 마느냐를 판단하는 것도 여러분의 몫이다. 올바른 방향으로 노력하는 사람이 결국 성공한다. 패자는 할 말이 없고, 승자는 말을 할 필요가 없다. 공부는 결과로 말할 뿐이다. 정상으로 가는 데는 여러 가지 길이 있다. 길 중에는 좀 더 빠른 길도 있고 늦은 길도 있다. 그리고 완전히 잘못된 길도 있다. 내가 걸어온 길이 가장 빠른 길은 아닐지 몰라도 확신이 있는 길이었다. 내 스스로 판단하고 파악하고 개척한 길이기 때문이다.

나는 쓸데없는 희망은 주고 싶지 않다. 그리고 단지 열심히 하라는 말만 하지도 않을 것이다. 공부하는 방법을 몰라 방황하는 학생들이 읽고 용기를 얻었으면 한다.

"나는 사교육 없이 서울대에 입학했고, 여러분도 할 수 있다."

박 성 원

차 례

Part 4 과목별 공략법을 제대로 알자

## PART 1

최우선 과제,
철저한 자기관리

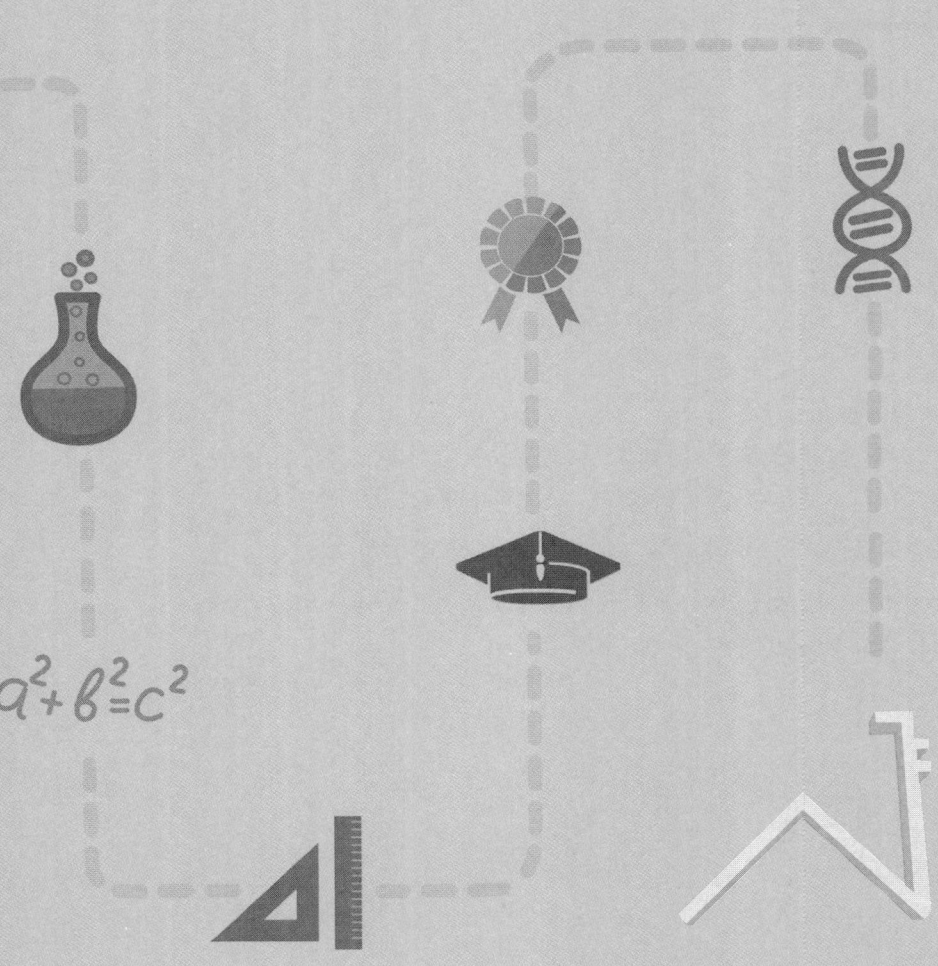

성적을 수치로 말할 수 없다면 실력이 아니다
누구나 자신이 원하는 만큼의 대학에 갈 수 있다

1

성적을 수치로
말할 수 없다면
실력이 아니다

" 공부란 모르는 것을 배우고 익히는 것이다. 아는 것과 모
르는 것을 세분화해서 수치로 나타내지 못한다면 성적은
절대 오르지 않는다. 자신의 실력에 대한 막연한 짐작으
로 공부하는 것은 '하다보면 성적이 오르겠지' 하는 막연
한 기대감만 가지게 할 뿐이다. "

성적을 세분화하고
수치로 나타내라

경영학의 대가 피터 드러커는 "측정되지 않는 것은 관리되지 않는다"고 했다. 기업 경영뿐만 아니라 이는 공부에도 해당된다. 여러분의 공부 실력은 어떤 수준인가? 언어는 조금 하고, 수학은 취약하고, 사탐·과탐은 그럭저럭 괜찮다는 식으로 대답했다면 여러분의 성적은 전혀 관리되고 있지 않는 것이다. 수치로 한번 이야기해보자. 지난번에 치른 모의고사, 중간고사, 기말고사 성적만 말하는 것이 아니다. 학습 진도율도 좋고, 자신감도 좋고, 앞에서 말한 성적 중 하나라도 좋다. 그것을 공책에 적어 보라.

적는 것이 망설여질지도 모른다. 부끄러움 때문일 수도 있고, 자신감 결여 때문일 수도 있다. 하지만 반드시 자신의 학습 수준을 수치화해봐야 한다. 그리고 더욱 세분화해보라. 가령 스스로의 언어영역 학습 수준을 100점 만점에 85점을 매겼다고 하자. 여기까지는 누구나 할 수 있다. 문제는 그 다음이다. 이를 세분화해서 다시 점수를 매겨보자.

언어영역 부분을 다시 100점 만점으로 해서 쓰기 실력은 얼마인가? 비문학영역 실력은? 문학영역 실력은? 듣기 실력은? 수리영역도 한번 해보자. 삼각함수 문제 풀이 실력은? 집합의 이해 수준은? 수열의 문제 풀이 실력은?

장담하건대 수많은 과목들을 세분화한 수치로 평가해 스스로의 실력을 분석하는 일은 누구에게도 결코 쉽지 않다. 이러한 작업은 자기 자신에 대해 완벽하게 파악하고 있어야 가능하다. 여기까지 할 수 있다면 이미 그 사람은 성적이 올라갈 기본 준비가 되어 있는 상태이다. 왜냐하면 이렇게 표현한 수치를 보면 '무엇을 공부해야 할지'가 명확하게 나오기 때문이다. 공부할 계획을 짜고 공부를 시작하는 것은 이 다음이다. 스스로의 실력과 수준을 수치화해보지 않으면 두 가지 문제가 생긴다.

첫째는 공부의 편중이라는 문제이다. 가령 수치화된 결과가 수학이 50, 영어가 85라고 해보자. 보통 이런 경우 수학에는 흥미가 없고 영어에만 흥미가 있다. 따라서 영어 공부할 때는 마음이 편안해져서 성적이 잘 나오고, 수학보다 공부량도 많아지게 된다. 또한 자신은 수학을 잘 못하므로 영어라도 잘해야지, 하는 생각에 영어를 더욱 많이 공부할 것이다.

하지만 영어 성적이 오르는 폭은 15점으로 제한되어 있다. 그렇기 때문에 자신의 전반적인 성적 향상을 위해서는 수학에 비중을 두어야 한다. 수학은 앞으로 50점이나 더 올릴 수 있기 때문이다. 어떤 과목에서나 고득점으로 갈수록 한 점을 올리기가 정말 힘들다. 90점대에서 5점을 올릴 만한 노력이면 50점대에서 15점 이상을 올릴 수 있다. 공부가 일부 과목에만 편중되면 이런 효과를 보기 힘들다.

<mark>둘째는</mark> 공부해도 성적이 오르지 않는 문제다. 수많은 학생들이 수학을 공부해도 성적이 오르지 않는다고 하소연한다. 그런 학생들은 자기 자신에게 되물어야 한다. 정말 자신이 모르는 부분을 열심히 공부해도 성적이 오르지 않았는가? 아니면 자신이 아는 부분만 다시 공부한 것인가? 여러분이 보고 있을 『수학의 정석 10-가』를 펼쳐보면 맨 앞의 집합 부분만 손때가 타서 까맣고 그 뒷부분은 깨끗하지는 않은가? 공부라고 하면 성적 올리기만 생각하는데, 공부의 본래 의미는 모르는 것을 배우고 익히는 것이다. 아는 부분만 공부하다 보면 실력이 늘지 않는다. 모르는 부분을 찾아내고 그 부분을 공부해야 한다. 자신의 실력을 세분화해서 수치로 나타내 보면 모르는 부분이 명확하게 드러난다. 그러기 전까지는 막연하게 짐작만 할 뿐이다. 짐작으로 공부하는 것은 '하다 보면 성적이 오르겠지' 하는 막연한 기대감만 가지게 될 뿐이다.

생생학습법 ‖ 내 경우를 한 번 살펴보기로 하겠다.

고등학교 1학년, 몇 번의 모의고사와 중간고사를 치르고 나니 대충 성적의 윤곽이 잡혔다. 단순히 점수가 아니라 100%를 기준으로 내 실력을 평가해 봤을 때, 언어는 80%, 수학은 85%, 영어는 60% 정도였다. 1학년 때라 시험 범위는 극히 적었고, 중학교 때 배운 내용이 많이 나왔으므로 실제 점수는 이 수치만큼 낮지 않았다. 하지만 난이도가 점점 어려워진다고 생각했을 때, 문제가 될 과목은 영어일 것 같았다. 유학을 다녀온 적도 없고, 어릴 때부터 영어 학습을 받은 것도 아니어서, 이대로 있다가는 점수가 가장 많이 떨어질 것 같았다. 하지만 다르게 생각하면, 성적을 가장 많이 올릴 수 있는 과목도 영어였다. 그래서 영어에 일단 집중하기로 하고, 영어 실력을 다시 세분화해서 측정했다. 단원별·유형별로 문제 분석을 했는데 고르게 틀렸다. 몇 번의 조사 끝에 그 원인을 알아냈다. 내 단어 실력은 30%, 문법은 40% 정도였다. 다른 분야는 그보다 높았다.

이제 무엇을 공부해야 하는가가 나왔다. 필자는 영어, 그중에서도 단어와 문법에 집중하기 시작했다. 정말 열심히 단어를 외우고 문법 공부를 했다. 그 결과 1학년이 지나고 단어 실력과 문법 실력은 90%까지 상승했다. 독해가 부족했지만 모의고사에서 나오는 단어는 웬만큼 다 알게 되었다. 문법도 단순한 문제 풀이가 아니라 독해를 위한 구조를 알아 볼 수 있게 되었다(단어 암기 방법과 문법 학습 방법은 뒤에 따로 다룰 것이다).

2학년이 되어 다시 영어 실력을 분석해 보았다. 사실 영어라는 과목은 기초가 되어 있지 않으면 듣기, 문법, 독해, 어휘 파트로 나누는 것이 별 의미가 없다. 그래서 다시 기초를 다잡은 후에 영어 실력을 분석해 보니 듣기가 50%, 문법이 90%, 독해가 60%,

어휘가 90%였다. 일단 어휘와 문법은 1학년 때 공부한 것을 복습하고, 잊어버리지 않는 정도로 마무리하기로 했다. 그리고 새로운 단어나 문법이 나오면 하나씩 추가하고 따로 시간을 투자하지는 않았다. 나머지 시간은 당연히 듣기와 독해에 쏟아부었다. 시간 비중은 독해가 더 컸다. 왜냐하면 독해 파트는 듣기 파트보다 훨씬 많은 부분을 차지하기 때문이다. 그래서 독해가 60%, 듣기가 50%였지만 독해에 더 많은 시간을 쏟아부었다. 그리고 듣기의 특성상 등하교 시간과 잠들기 전에도 공부가 가능하기 때문에 그 시간을 최대한 활용했다.

3학년이 되어 다시 영어 실력을 평가해 보니 어휘 95%, 문법 97%, 독해 95%, 듣기 80%였다. 독해 시간을 줄이고, 듣기에 집중했다. 그리고 독해도 파트별로 나누어서 어디서 5%가 빠졌는지를 분석했다. 주로 흐름상 관계없는 문장 찾기나 맥락을 찾는 문제 유형에서 독해의 5%가 빠지고 있었다. 공부는 당연히 여기에 집중하였다.

성적을 측정하고 그에 맞추어 공부한 결과, 다음과 같이 점수가 나왔다.

최종적으로 수능 때 95점은 아쉬운 결과이긴 했으나 과정을 보면 만족스러운 성과였다.

이제 여러분에게 묻고 싶다. 여러분은 학생으로서 과목마다의 실력을 마치 자산처럼 지니고 있을 것이다. 여러분의 그 자산은 제대로 관리되고 있는가? 어쩌면 지금 이 순간에도 여러분의 자산이 어디론가 새어나가고 있을지도 모른다.

"측정하고 관리하라!" 측정되지 않는 것들은 관리되지 않는다.

만일 주관적인 측정이 어렵다면 자신의 성적을 측정값으로 사용해도 별 무리가 없다. 단, 이때 주의할 점은 총점이 아닌 모의고사 성적표에 나와 있는 세부 항목을 보아야 한다는 것이다. 어떤 부분에서 틀렸는지 세부적으로 파악하고 따로따로 점수를 매겨야 한다. 그래야만 성적을 더욱 정확하게 측정하고 관리할 수 있다. 그리고 일단 측정을 하고 나면 반드시 자료를 남겨 놓아야 한다. 컴퓨터에 저장을 해도 좋고, 표로 정리해서 출력해 책상에 붙여 놓고 기간별로 측정치를 기록하는 방법도 좋다. 언제나 자신의 실력이 얼마나 되는지 수치화할 수 있을 정도로 명확히 파악하고 있어야 함을 유의해라.

숫자에 숨어 있는 엄청난 비밀

대학 입시에는 중요한 숫자의 비밀이 숨겨져 있다.

<mark>첫째는</mark> 입학 경쟁률에 관한 것으로, 수시든 정시든 다 똑같이 해당된다. 2:1, 3:1, 5:1, 10:1…. 경쟁률은 다양하게 나올 수 있다. 경쟁률이 어느 정도 되면 높다고 생각하는가? 신문 기사에서 공무원의 시험 경쟁률이 몇백 대 일, 몇천 대 일로 나오는 것을 생각하면 이 정도는 아무것도 아니라고 말할지도 모르겠다. 정말 그런지 한번 살펴보자. 보통 3:1 정도면 낮은 경쟁률이라고 생각할 것 같으니 이것으로 예를 한번 들어보자. 3:1이라는 경쟁률은 단순히 3명 중에 1명이 붙는다는 이야기가 아니다. 이는 수학적으로 따졌을 때나 그렇다. 가령 학과 정원이 200명인 곳에 친구 3명이 나란히 지원을 했고 경쟁률이 3:1이라고 해보자. 친구 3명 중에 한 명은 붙을 것이라고 생각한다면 큰 오산이다. 언제나 실제 수를 따져야 한다. 정원이 200명이고 경쟁률이 3:1이라는 것은 200명을 뽑는 데 600명이 지원했다는 이야기이다. 입학 기준은 무작위 선발이 아니다. 앞에서 1등부터

200등까지 선발한다. 이런 상황에서 자신이 뽑히고 싶다면 200등 안에 들어야 한다. 200등이라는 수치가 만만하게 들린다면 바꿔서 말해보자. 자신 밑에 최소 400명을 두어야 하며 여기서 말하는 400명은 단순히 고등학교 때처럼 하위권 400명이 아니다. 자신과 같은 학과, 학부에 지원했다는 것은 실력이 다 비슷하다는 뜻이다. 400명은 결코 만만한 숫자가 아니다. 숫자에서 현실로 돌아오면 상황은 더 냉혹하다. 400명이라는 숫자는 그래도 만만히 보일지도 모른다. 잘만 하면 합격 인원 안에 들 수 있을 것 같기도 하다. 그러면 이제 학생 개개인을 놓고 보자. 수시나 정시 면접, 논술을 보러 가서 지원한 학생 한 명 한 명의 스펙을 따져보면 결코 만만한 상대는 없다는 것을 깨닫게 될 것이다.

400명은 단순히 집단으로 존재하는 것이 아니다. 200등 안에 들고 싶다면 경쟁자 한 명 한 명보다 나은 결과를 낼 수 있어야 하며, 이길 만한 경쟁자를 모았을 때 최소 400명은 되어야 한다. 3 : 1이 이 정도라면 더 높은 경쟁률은 말할 것도 없다. 물론 10 : 1 이상 되는 곳도 있고 특히 수시에는 어느 정도 허수가 끼어 있긴 하지만 3 : 1보다 더하면 더했지 결코 덜하지 않는다. 본인이 들어가길 원하는 대학과 학과가 있다면 작년 선발 인원과 경쟁률을 한번 알아보길 권한다. 결코 만만하지 않을 것이다. 서울대는 경쟁률이 10 : 1이 되는 경우는 없다. 높아야 4 : 1 정도이고, 1차 선발을 거치면 2 : 1이 된다. 하지만 1차 선발을 거치고 두 배수가 남았을 때 안심하는 학생은 없다. 위에서 말했듯이 2 : 1이라고 두 명 중에 한 명이 붙는 것이 아니기 때문이다. 입학 정원이 100명이면 나머지 100명을 자신 밑에 두어야 합격할 수 있다. 자신과 같은 급의 학생을 그 정도나 아래에 두기란 쉽지 않다.

둘째는 성적에 나타난 숫자의 의미이다. 예를 들어 수능 결과가 나와서 옆의 친구와 비교해 보았더니 탐구영역은 똑같고 외국어에서 2점이 더 낮았다고 가정해보자. 이때, 옆의 친구와 본인의 성적이 비슷하다고 생각해서는 곤란하다. 그 안에 들어 있는 '숫자의 의미'를 파악해야 한다. 전국의 수능 응시자는 매년 60만 명 가까이 된다. 여기에 전국의 고등학교 수를 감안하고, 각 학교의 학생 수를 생각해 보라. 이는 단순히 학생 수가 아니라 엄청나게 많은 등수 차이이다. 그렇다면 수능 시험에서 1점 차이 사이에는 도대체 얼마나 많은 학생이 들어 있을까? 서울대, 연·고대에 입학 가능한 초상위권에는 매 점수마다 100명 이상이 넘는 학생이 포진되어 있다. 그리고 중위권으로 내려가면 일 점에 천 명 가까이 되는 학생이 속하기도 한다.

자신과 친구가 상위권이라 해도 2점 차이에는 몇백 명 이상이 들어 있다. 몇백 명이라면 본인이 가고 싶어하는 대학의 과를 채우고도 충분히 남지 않는가? 친구와 같이 지원했는데 자신만 떨어졌다고, 운이 없다고 생각하지 마라. 당연한 결과일지도 모른다. 시험 점수 2점 차이가 아니라 친구와 자신 사이에는 몇백 명이 있다는 그 커다란 차이를 더 정확하게 실감할 수 있을 것이다.

시간을
분 단위로 쪼개라

하루에 몇 시간이나 공부하는가? 그리고 주변의 환경은 어떠한가? 시간에 가중치를 두어가며 한번 신중하게 자문해 보길 바란다. 하루는 누구에게나 공평하게 24시간을 준다고 하지만 실제로 사용하는 시간은 그렇지 않다. 특히 같은 학교를 다니고, 같은 수업 시간을 보내고, 같은 자습 시간을 보내고 있다고 해서 나와 옆 친구의 공부 시간이 서로 비슷할 것이라 생각하지 마라. 공부는 시간과 집중력의 싸움이다. 이 두 가지를 지배하는 사람이 결국 공부를 지배할 수 있다. 공부할 시간을 얼마나 확보하고 그 시간 동안 얼마나 집중하느냐가 관건이다. 책상 앞에 앉아 있다고 공부가 되는 것은 아니다.

먼저 '시간'을 이야기해보자. 내가 사용하는 시간을 한순간도 놓치지 말고 철저하게 파악해 볼 필요가 있다. 가능하면 분 단위로 쪼개서 분석하길 바란다. 이렇게 구체적으로 파악해보면 의외의 결과에 놀랄지도 모른다. 하루는 24시간이라고 하지만 정작 자신이 제대로 활용할 수 있는 시간은 그리 많지 않다. 그리고 분석 단위를 넓혀서도 생각해보길 바란다. 즉 하루에 대해서도 분석해보지만 길게 주, 월, 년 단위로 잡았을 때 자신이 확보할 수 있는 시간이 얼마인가를 제대로 파악하는 것도 대단히 중요하다.

이렇게 시간을 분석할 때 유의해야 할 점이 있다. 모든 시간을 똑같이 취급해서는 안 된다는 것이다. 파레토의 법칙을 아는가? 흔히 80:20의 법칙으로 많이 알려져 있는 이 법칙은 전체 결과의 80%가 단지 20%에 의해 좌우된다는 이론이다. 공부도 이와 마찬가지다. 가장 효율이 높은 몇 시간 동안 공부한 것이 나머지 시간 모두를 합한 공부량보다 많은 경우가 다반사이다.

실제 예를 한번 들어보자. 우선 단기적인 시간을 분석했을 때, 아침에 통학하는 시간 몇 분이나 수업 사이의 쉬는 시간, 수업 중간에 생기는 자습 시간 등을 모두 합하면 꽤 긴 시간이기는 하지만 효율은 그리 높지 않다. 반대로 밤에 조용한 독서실이나 자습실에서 혼자 공부할 수 있는 시간은 대단히 효율이 높고 더 귀중한 시간이다. 또한 학기 초와 말의 어수선한 시기에는 그다지 효율이 높지 않다. 반대로 스스로 공부할 여건이 마련되는 방학 때나 급한 마음에 집중력이 발휘되는 시험 기간 때의 공부 효율은 높다.

이러한 효율을 결정짓는 것은 무엇일까? 본인의 의지가 가장 중요하겠지만, 객관적인 요건을 따져보면 주변의 환경이다. 본인이 집중해서 공부를 하든 안 하든 자신이 사용하는 시간의 모든 것들을 분석해보아야 한다. 이를테면 자신의 수면 시간, 식습관, 친구들, 학교까지의 통학시간, 선생님의 성향 등이다. 여기서 이렇게 많은 것들을 나열하는 이유는 실질적인 시간을 파악하기 위해서다.

환경은 대부분 통제가 불가능하다. 마음에 안 든다고 고등학교를 마음대로 바꿀 수 없고, 40분 걸리던 통학 시간이 갑자기 10분으로 줄어들 리도 없다. 그리고 친구들도 거의 바뀌지 않는다. 하지만 이런 상황 속에서 과연 최선을 다하고 있는지 자문해보라. 비록 상황은 외부로부터 주어지지만 그 주어진 상황에서 자신의 행동은 자신이 결정하기 때문이다.

분명히 어딘가 새어나가는 시간이 있을 것이다. 자신의 환경과 그 속의 시간에 대해 가만히 분석해보면 새어 나가는 시간을 찾아낼 수 있다. 그 시간을 정복하라! 물론 그렇게 찾아낸 시간이 얼마 되지 않을지도 모른다. 그러나 항상 승부는 작은 것에서 결정된다. 하루에 10분, 365일이면? 계산은 스스로 해보길 바란다. 그리고 장담컨대 아무리 계산해보아도 하루에 새어나가는 시간이 10분뿐이라면 이미 승리의 트로피를 거머쥐고 있는 것이다. 새어나가는 시간은 더 많다. 아침에 학교 등교하기 전 TV를 보는 시간 몇 분, 학교 수업 시간에 조는 시간 몇 분, 점심 먹고 친구들과 수다 떠는 시간 몇십 분, 자습 시간에 친구와 하는 잡담 몇 분 등등 열거하자면 끝이 없다. 이 정도는 새는 시간이 아니라고 말할지도 모른다. 하지만 세상에는 이렇게 새어나가는 시간을 잡아 열심히 목표를 향해 달려가고 있는 누군가가 있다는 점을 기억하라.

나는 그렇게 새는 시간을 조금이라도 줄이기 위해 노력했다. 등굣길에 영어 듣기 파일이 들어 있는 mp3 플레이어를 바지에 넣고 다니며 꼬박꼬박 들었고, 쉬는 시간에는 영어 단어를 암기하고 수업을 복습했다. 그리고 점심 시간에는 급식실에 최대한 빨리 뛰어가서 줄 서며 낭비하는 시간을 줄이고 다시 교실에 돌아와서 공부했다. 화장실에 영어 단어나 한글 맞춤법 단어장 등을 놓아두고 자투리 시간을 활용했다. TV가 있는 방에는 얼씬도 하지 않았다. TV를 보는 순간 시간은 순식간에 지나가버린다는 것을 알았기 때문이다. 컴퓨터도 가능하면 켜지 않았고 꼭 컴퓨터로 해야 할 숙제가 있으면 할 일을 메모하고 사용한 후 곧바로 껐다.

2

자신이 원하는
만큼의 대학에
갈 수 있다

> 공부도 못하고 관심도 없는 학생이 명문대에 진학하길
> 바란다면 그것은 '희망 사항'일 뿐이다. 비록 공부는 못
> 하지만 철저한 학습 계획과 의지를 가지고 최선을 다하
> 면 현실적인 '희망'이 될 수 있다.

계획할 수 있는
꿈을 꿔라

누구나 자신이 원하는 만큼 좋은 대학에 갈 수 있다. 이렇게 말하면 누구나 좋은 대학에 가기를 원하지만 결과는 그렇지 않노라고 항변할지도 모르겠다. 하지만 '원한다'는 말에도 차이가 있다는 점을 이야기하고 싶다. 영어로 원한다는 단어는 'want', 'hope', 'wish' 세 가지가 있다. 필자가 말하는 원한다의 의미는 'want'에 가깝다.

대부분의 사람들은 미래의 일에 관해 원한다고 할 때는 'wish'의 의미로 말한다. 'wish'는 가망성이 없는 일이 일어나면 좋겠다고 이야기할 때 쓰이는 것이다. 갓 대학을 졸업한 평범한 대학생에게 돈을 얼마나 벌고 싶은가 하고 질문하였을 때 별 생각 없이 그냥 10억이라고 말한다면 이것은 꿈이 아니라 환상에 가깝다. 이럴 때 쓰는 단어가 'wish'이다.

하지만 조금 다른 답변을 생각해보자.

"저는 연봉 4,000만 원 정도 받을 만한 능력을 갖추고 있으니 그 정도를 받았으면 좋겠고, 입사하면 이러이러한 공부를 해서 몸값을 올리고, 회사에서 지원하는 MBA(경영대학원)에서 교육도 받고, 그 이후에는 외국어 공부를 해서 해외 파견 근무도 다녀오고, 10년 안에 연봉 1억 원을 받고 차츰 더 올려 15년 안에 5억 원쯤 모으고 싶습니다."

이럴 때 원한다는 의미는 'wish'가 아니라 희망적인 미래를 뜻하는 'hope'가 된다. 이 말은 어느 정도 가능성이 있는 이야기라는 뜻이다.

그리고 현재는 내가 원하는 목표를 위해 구체적인 어떤 방식으로 이러이러한 공부를 진행 중이라고 말할 때 'want'에 가깝게 된다.

공부도 못하고 관심도 없는 학생이 소위 말하는 명문대에 진학하길 바란다면 그것은 희망 사항(wish)일 뿐이다. 목표도 꿈도 아니고 몽상에 가깝다. 비록 공부는 못하지만 철저한 학습 계획과 의지를 가지고 최선을 다하고 있다면 머지 않아 현실적인 희망(hope)이 된다. 그리고 그 목표를 이루기 위해 지금도 꾸준히 노력하고 있다면 진정으로 원하고(want) 있는 것이다.

원한다는 단어에서 거창한 의미를 발견하자는 말이 아니다. 그리고 자격에 관한 이야기를 하는 것도 아니다. 원한다는 정도는 남에게 보여줄 수 없는 것이고 보여줄 필요도 없다.

기준은 계획이 있는가, 현재 실천하고 있는가의 여부이다. 말하는 것은 아무나 할 수 있다. 하지만 진정성이 느껴지지 않는 '원한다'는 말에는 현실성이 없다. 공허한 메아리로 남을 뿐이다.

스스로를 돌이켜 보기 바란다. 중학교 때부터든 고등학교 때부터든 원하는 대학이 한 곳쯤은 있을 것이다. 그곳에 진학하기를 진정으로 원하고 있는지 생각해보라. 말만 하는 사람, 계획이 전혀 없는 사람, 실천이 없는 사람은 진정으로 원하고 있는 것이 아니다. 단지 꿈을 꾸고 있을 뿐이다.

실수만 줄여도
점수는 오른다

     실수도 실력이라고 하지만 학생들은 별로 그렇게 생각하지 않는 것 같다. 이러한 현상은 모의고사를 보았을 때, 특히 혼자서 측정해봤을 때 잘 드러난다. 모의고사를 채점하다 보면, 분명히 맞다고 생각한 답인데 틀린 경우가 종종 나타난다. 그래서 답안지를 확인하면 중간에 자신의 어처구니없는 실수를 발견하게 된다. 이때 학생들은 대부분 이런 식으로 생각한다.

  ‘에이, 이건 맞은 건데 실수로 틀렸으니 좀 억울하네. 맞았다고 생각해야지.’

  학생들이 다 같이 보는 모의고사라면 그 부분에서 실수를 하지 않았다 치고 스스로 점수를 올려 생각하게 된다. 감독 없이 혼자서 시간을 재고 푸는 연습용 시험이었다면 아예 점수 자체를 고친다.

  여기서 질문이 있다. 실수로 틀린 부분을 고쳐서 실력으로 계산했다면 다음에는 절대 같은 실수를 하지 않을 자신이 있는가? 그리고 실수해서 틀린 것을 맞았다고 한다면 왜 찍어서 운으로 맞힌 것은 틀렸다고 하지 않는가?

실수로 틀린 그 문제만 고려한다면 다음에는 똑같은 문제에서 실수하지 않을지도 모른다. 하지만 전 문제를 대상으로 했을 때, 실수라는 것은 실력이 모자라는 부분이 있어서 나타나는 것이다. 이때의 실력이란 긴 문제를 풀 때 발휘하는 집중력, 사소한 것 하나도 놓치지 않을 만한 꼼꼼함 등을 포함한다. 현재 실력으로는 그 문제를 실수하지 않았더라면 다른 문제에서 실수가 나타났을 것이다. 특정한 문제를 실수로 틀렸다면, 그 문제를 틀린 것 자체는 우연일 수 있다. 수많은 문제 중에 하나의 실수가 하필 그 문제에서 나왔으니 말이다. 하지만 넓은 관점에서, 문제를 실수로 틀렸다는 것 자체는 우연이 아니다. 모의고사, 중간·기말고사 시험지 등을 꺼내보아라. 실수한 문제 종류는 다양할지 몰라도 전체 문제 대비 실수한 비율은 일관성이 있을 것이다.

그리고 출제자가 의도한 실수도 생각해보아야 한다. 출제자는 당연히 자신이 출제하는 부분에서 학생들이 어떠한 사고 패턴으로 문제를 풀지 예측한다. 따라서 잘못된 사고 패턴 또한 얼마든지 예측할 수도 있다. 다시 말해 보기 중에 실수를 유도하는 것들이 있어서 순간의 방심으로 그런 덫에 걸려들었다면 그것은 실수라기보다는 실력 탓이다.

그렇다면 운은 실력인가? 운은 실력이 아니다. 특히 모의고사에서 운은 실력이 아닐뿐더러, 오히려 독약이 될 수도 있다. 가령 수학 문제를 푸는데 무한등비급수가 두 문제 나왔다. 다행히 두 문제 모두 객관식이었고, 한 학생이 정말 모르겠다는 심정으로 두 문제 다 찍었는데 우연히도 맞췄다. 기뻐해야 할 일이 아니다. 오히려 불운이라고 해야 한다.

그 이유는 이러하다. 첫째로 이 학생은 자신의 수학 성적이 자신의 실력보다 8점(한 문제당 4점이라고 가정하면) 높게 나왔는데, 이것을 자신의 실력으로 착각하게 된다. 둘째, 우연히 찍어서 맞춘 문제는 공부를 소홀히 하게 된다. 문제를 푸는 당시에는 '시험 끝나고 반드시 이 단원을 다시 공부해야지'라고 생각할지라도 시간이 흐르면 생각이 달라진다. 나중에 시험지를 모아서 쭉 훑어볼 때, 자신이 전혀 풀지 못했던 문제임에도 맞았다는 표시만 발견하고 넘긴다. 틀린 문제를 다시 풀기도 바쁜 시점에 맞은 문제는 다시 풀지 않고 넘기는 것이다. 결국 실력을 향상시킬 기회는 죽어버리고 만다.

실수와 운. 자신의 실력을 평가할 때 이 두 가지 요소를 어떻게 반영하는가에 따라 편차가 상당히 크다. 긍정적인 것은 좋다. 하지만 긍정적인 생각으로 시험에 임하는 것과 찍은 문제는 다 맞겠지 그리고 실수는 없겠지 하는 맹목적인 낙관에 기대를 거는 것은 구분되어야 한다.

절대적인 시간을 투자해야 한다

　　　　　　　　사람들은 대부분 천재를 동경한다. 천재를 부러워하면서 동시에 그들을 보고 좌절하는 가장 큰 이유는 천재는 노력을 별로 들이지 않고도 쉽게 성공하는 것처럼 보이기 때문이다.

　여기에 대해 간단히 비판해보자. 우선 주변에 자신과 경쟁하는 천재가 있는가? 나는 영화 속에서나 책 속에서 천재의 일화를 봤지만, 주변에 진짜 천재라고 할 수 있는 사람은 거의 보지 못했다. 물론 천재를 알아보지 못했을 수도 있지만 막상 주변에 진짜 천재는 거의 없다고 생각하는 편이 훨씬 타당하지 않겠는가?

　천재는 노력 없이 무언가를 달성하는가? 타고난 재능을 바탕으로 남다른 노력 없이 성공하는가? 말콤 글래드웰은 자신의 저서 『아웃라이어』에서 천재에 관한 독특한 이론을 펼친다. 그에 따르면, 성공의 비결은 '1만 시간'이다. 어떤 일이든 1만 시간 이상을 투자해야 그 일에서 천재적인 두각을 나타낼 수 있다고 한다. 간단한 예로 '비틀즈'와 '빌 게이츠' 그리고 '빌 조이' 등을 분석하는데, 그의 논지를 따라가다 보면 이러한 스페셜리스트 대부분은 자신만의 분야에 1만 시간 이상을 투자했음을 파악할 수 있다. 또한 IQ(실용지능)의 모순을 이야기한다. 과거 루이스 터먼의 천재 집단 터마이트의 실패 사례를 들며, 보통 수준의 IQ만 되더라도 천재적인 두각을 나타낼 수 있으며 결과적으로 지능은 성공과 관련이 없음을 보여준다. 결국 사회적 기회와 노력이 맞물릴 때 성공할 수 있다고 이야기한다.

1만 시간 이론은 우리의 공부에도 그대로 적용시켜 볼 수 있다. 일정 이상의 성적을 거두기 위해서는 반드시 일정 시간 이상의 투자가 있어야 한다. 머리가 좋고 나쁨에 상관없이, 그리고 어릴 때든 나중에든 어느 정도 시간을 반드시 투자해야 한다. 아무리 천재라고 하더라도 태어나면서부터 무언가를 알고 있는 것은 아니다. 위대한 학자이자 유학의 창시자로 알려져 있는 공자도 자신은 "생이지지자(生而知之者, 태어나면서부터 아는 사람)가 아니다"라고 했다. 모든 것은 태어난 이후에 시간을 투자하고 노력한 결과로 얻어진다.

혹시 아무것도 투자하지 않고 그 이상의 결과를 얻으려고 욕심내고 있지 않은가? 공부한 시간을 누가 재고 있는 것은 아니다. 다만 결과는 그것을 정직하게 말해준다. 물론 일정 시간을 투자했다고 누구나 같은 결과를 얻는 것은 아니다. 적절하고 합리적인 시간 투자가 이루어져야만 할 것이다. 다만 말하고 싶은 것은 노력이 없다면 결과는 반드시 나쁘다는 것이다.

노력은
배신하지 않는다

　　　　　　　　　　성적 향상을 위한 시간 법칙을 알
고 난 후 나는 더 이상 좌절하지 않아도 된다는 큰 수확을 얻었다. 물
론 노력이 모든 것을 말하지는 않는다. 타고나는 부분도 있다. 하지
만 노력은 대부분의 것을 지배한다. 그렇게 생각하니 '서울대'라는
목표는 '타고난 자'가 아닌 '노력하는 자'가 들어갈 수 있는 열린 공
간으로 바뀌어 보였다. 범접할 수 없던 곳에서, 도전할 만한 곳으로
변하였다. 하늘에 있던 것이 산꼭대기로 내려왔다고 하면 정확한 비
유일지 모르겠다. 비록 멀고 힘든 길이 되겠지만 갈 수 있는 길이 열
린 것이었다.

　스스로 공부하여 서울대를 갈 것을 목표로 잡았다. 주변에 말했지
만 별로 신빙성 있게 듣는 사람은 없었다. 나중에 부모님도 농담 삼
아 이야기하시긴 했지만 그분의 아들이 끝내 서울대를 갈 것이라고
는 기대하지 않으셨다고 한다(부모님께서는 성적을 조금 올려 집 근처의
국립대에 가기를 희망하셨다).

　결심을 한 뒤로 더욱 열심히 공부에 매진했다. 서울대를 가겠다고

결심했을 때가 2학년 말이었는데 성적은 턱없이 부족했고 서울대는 고사하고 서울에 있는 대학도 갈까 말까 한 성적이었다. 그러나 한 걸음 한 걸음 산을 오르다 보면 정상에 도달하겠지 하는 마음으로 열심히 공부했다. 1%의 영감이 있건 없건 그것은 크게 중요한 것이 아니었다. 99%를 정복하면 1%는 무시할 수 있을 것이라 생각했다. 결정적으로 1%의 영감은 내가 어떻게 해서 되는 부분이 아니다. 신경 쓰지 말고 99%에 신경 쓰는 편이 훨씬 마음 편하다.

2학년 겨울방학은 그 어느 때보다 충실히 공부한 기간이었다. 7시에 집을 나서서 11시에 집에 돌아오는 생활을 했다. 중간에 설날 연휴 중 큰댁에 가서 차례를 지내느라 학교를 가지 못했던 단 하루를 제외하면 나머지 크리스마스, 신년, 주말 모두 똑같은 스케줄을 반복했다.

방학이 끝나자 노력은 분명한 결과를 가지고 왔다. 그 시기는 차이가 있었지만 수학은 2학년 때부터 열심히 했기에 방학이 끝난 후, 첫 모의고사를 치르면서 완성되었다는 확신이 들었다. 영어는 당장 성적이 오르지 않았다. 하지만 노력은 결코 배신하지 않을 것이라는 믿음이 있었다. 그 믿음을 깨버리는 것은 자신을 믿지 못하는 것과 다름없었다.

순차적으로 외국어 성적이 올랐고 언어도 조금 올랐다. 사회탐구 영역은 다시 한 번 오는 여름방학 때 잡을 수 있다는 확신이 있었다. 왜냐하면 이미 경험을 한 번 했기 때문이었다.

이처럼 자신이 진심으로 노력하고 있다면 끝까지 해보길 바란다. 아직까지 노력이 배신하는 경우나, 99% 노력을 했음에도 1%의 영감이 없어서 실패하는 사례는 결코 본 적이 없다.

자신의 선택에 확신을 가져라

인생은 B와 D 사이의 C라고 한다. B는 Birth이고 D는 Dead, C는 Choice이다. 출생에서부터 죽음 사이의 삶이라는 과정 속에서 언제나 선택의 연속이 우리의 인생이라면, 공부를 하는 지금 이 순간도 결국 인생을 위한 자신의 선택일 것이다. 자신이 선택한 일이라면 그 결과 또한 당연히 본인이 책임져야 한다.

고등학생 중에 공부가 재미있어서 열심히 하는 학생은 별로 없을 것이다. 특히 입시 위주의 천편일률적인 공부는 더욱 그럴 것이다. 그런데 어느 순간 공부를 열심히 해야겠다는 생각이 들었다. 왜냐하면 그것이 내가 원하는 멋진 인생으로 이끌어주는 방법이라고 생각했기 때문이다. 말하자면 내 스스로 선택한 것이다.

좋은 성적을 받고, 좋은 대학에 입학하면 누구에게 가장 좋을까? 부모님과 가족들도 기뻐하겠지만 가장 기쁜 것은 당연히 본인이다. 그리고 그 반대의 경우가 생겼을 때도 가장 슬퍼할 사람은 주변의 사람들이 아니라 본인이다. 누구도 인생을 대신 살아줄 수 없다. 결국 사람은 자신의 인생을 살아가기 때문이다.

물론 공부를 하는 과정이 쉽지만은 않다. 하지만 자신의 인생을 책임지기 위한 과정으로 생각하면 어떨까? 자신의 인생을 책임지는 방법은 공부 말고도 다양하다. 지금 이 순간에도 공부가 아닌 다른 길을 걸어가며 자신의 인생을 멋지게 꾸려가는 사람들이 있다. 하지만 대부분의 고등학생은, 특히 우리나라의 정형화된 제도권 내에서 교육을 받는 학생들은 선택할 수 있는 길이 다양하지 않다.

그런 학생 중의 한 명이었던 나는 그 환경 안에서 공부가 최선의 선택이라고 생각했다. 그리고 남을 위한 공부가 아닌 자신을 위한 공부를 해야겠다고 결심했다. 이렇게 생각하니 뒤따라오는 결과는 더욱 좋아졌다.

자신이 한 행위는 자신의 인생에 영향을 끼친다. 공부라는 것을 누가 강요해서 하는 것이 아니라 고등학생 시절 할 수 있는 최선의 선택이라는 관점에서, 그리고 자신의 인생을 책임지는 방법의 하나라고 생각하면 공부에 열중할 수밖에 없을 것이다.

# 학생들은 모두
똑같은 고민을 한다

유대교의 하시디즘에는 이런 이야기가 있다. 사람이 죽으면 천사가 그 사람을 하늘나라로 데려간다. 거기에는 커다란 나무가 하나 있는데 그 나무에는 이제껏 그곳을 방문했던 수많은 사람들의 '슬픔'이 적혀 있다. 그곳에 도착한 사람은 일생 동안 있었던 자신의 슬픔을 적고는 그 나무를 한 바퀴 돈다. 한 바퀴 돌면서 다른 사람이 써놓은 슬픔의 실체를 보게 된다. 다 돌고 나면 천사가 묻는다. 다시 삶을 살아갈 수 있다면 어떤 슬픔이 있는 삶을 택하겠느냐고. 모든 사람들이 남들의 삶을 부러워하지만 결국 남들이 가진 진정한 슬픔의 실체를 본 사람들은 결국 자신의 삶을 택한다.

공부를 하는 데는 수많은 어려움이 있다. 하지만 남들도 결코 다르지 않다. "공부가 제일 쉬웠어요"라고 말하는 장승수 씨의 상황에는 그보다 더한 사연이 바탕에 깔려 있었다. 자신의 여건이 힘들다고 말하는 사람도 차마 그보다 힘들다고 쉽게 말하지는 못할 것이다. 그의 삶을 보며 위안을 얻으라거나, 이 책을 보는 학생들도 일하면서 공부해야 한다는 의미로 하는 이야기가 아니다.

남의 성공을 부러워하기보다는 자신이 가진 것을 한 번쯤 돌아보아야 한다. 수많은 고난의 길 위에 찍힌 강인한 발자국이 보이지 않는가? 현재 자신이 있는 위치가 누구나 쉽게 도달할 만큼 만만한 길이었던가? 적어도 자신에게는 자신이 걸어온 길이 어떤 길보다 가치 있을 것이다.

주변을 너무 많이 살피다가는 흔들리기 쉽다. 항상 주변에 보이는 사람은 자신보다 뛰어난 사람들뿐이고 그들은 어려움도 잘 극복하는 것처럼 보인다. 하지만 우리가 주목해야 할 것은 상대적 비교가 아니다. 뒤를 돌아보라. 그리고 자신이 조금씩 앞으로 나아가고 있는지 혹은 그렇지 않은지를 생각해보라. 나아감, 그리고 발전이란 남과의 비교가 아니라 과거, 어제의 나보다 오늘의 내가 얼마나 나아졌는가이다.

공부는 결국 자신과의 싸움이다. 자신을 통제하지 못하고 좌절하는 사람은 이해가 되지만 주변 사람들을 보고 좌절해서 절망하는 사람은 이해하기 어렵다. 나만 빼고 다들 잘났을 것 같다는 생각은 버려라. 남들도 내가 겪는 만큼의 어려움을 겪고 있다. 그리고 남들도 내가 하는 고민을 한다. 현재 자신보다 뛰어난 학생은 그러한 어려움이 없었던 사람이 아니라 어려움을 현명하게 극복했기에 앞서가는 것이다.

자신의 뒤를 돌아보며, 옆사람을 둘러보며 걸음을 머뭇거리기에는 앞으로 가야 할 길이 너무 멀다. 자신에 대한 믿음을 가지고 자신만의 발걸음으로 전진하라. 나도 마음을 잡지 못한 시기가 있었지만 공부를 시작한 후로는 뒤도 돌아보지 않았다. 당시 내가 처한 상태를 파악하고 어떤 것들을 해야 하는가를 생각한 뒤 끊임없이 전진하였다. 편하게 놀 때보다 독하게 공부할 때 당연히 힘들었다. 하지만 결코 힘들다고 투정 부리지는 않았다. 누가 도와줄 수 있는 것도 아니었고 아무런 도움도 되지 않았기 때문이다. 결정적으로, 내가 노력한 만큼 성적이 향상되는 것을 뚜렷하게 확인할 수 있었다.

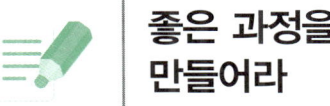

좋은 과정을 만들어라

과정은 중요하다. 하지만 결과는 더욱 중요하다. 결과가 과정을 정당화한다는 말이 아니라, 결과가 좋았다면 과정도 좋았을 것이라는 확신에서 하는 말이다. 그렇다면 과정이 좋고 나쁜지는 어떻게 판단하는가? 남들과 비교해서, 아니면 자신의 지난 과거에 비추어서? 냉정히 생각해보면 과정의 좋고 나쁨을 판단할 근거는 뚜렷하지 않다.

예를 하나 들어보자. A와 B, 두 학생이 있다. 주변에서 보기에 A라는 학생은 정말 성실하게 하루 종일 공부만 한다. 하지만 성적은 별로 좋지 않다. B라는 학생은 남들이 보기에 별로 열심히 하는 것 같지 않지만 성적은 항상 잘 나온다. 이 두 학생을 보는 우리는 어떤 생각을 하게 될까? 역시 인생은 불공평하다거나, 공부는 머리가 좋아야 한다거나, 과정은 좋아도 결과는 안 좋을 수 있다거나 하는 등의 여러 생각이 들 것이다. 하지만 과연 그럴까?

A는 학교에서는 열심히 하지만 집에서는 하지 않을 수 있다. 반대로 B는 학교에서는 졸기도 하고 공부도 열심히 하지 않지만, 집에서

매일 밤새 공부를 할 수도 있다. 어떤 '과정'이 더 좋은지 쉽게 판단할 수 있는가?

더 나아가서, 알고 보니 A는 공부 방법이 대단히 비효율적이다. 공부를 많이 하기는 하지만 핵심을 짚지 못하고 엉뚱한 부분에서 많은 시간을 보내고 있다. 반대로 B는 공부를 하는 시간이 적더라도 핵심만 짚어서 한다.

그리고 A는 고등학교에서 정말 공부를 열심히 하는 이유가 이제껏 공부를 별로 하지 않아서 보충하는 차원으로 하고 있지만 B는 어릴 때부터 누구보다 많은 시간을 공부해왔다. 그래서 B는 이미 A가 공부한 시간의 몇 배를 능가하는 내공을 가지고 있을 수 있다.

과정이란 겉으로 봐서는 판단하기 힘들 뿐만 아니라 과거의 행동과도 밀접하게 관련되어 있다. 아니 땐 굴뚝에 연기가 날 리 없다. A가 공부하는 과정은 겉으로는 좋아 보인다. 그리고 B의 공부 과정은 좋지 않아 보인다. 하지만 실상은 그렇지 않다. B가 더 좋은 성적을 내는 데는 이유가 있다. B가 더 좋은 과정을 만들어 가고 있기 때문이다.

공부하는 과정이 나쁘면 결과는 절대 좋을 수 없다. 과정이 좋다면 결과는 나쁠 수 없다. 간단하지만 명심해야 할 법칙이다.

중학교 때
성적은 잊어라

입학할 때 성적이 좋았던 학생이 고등학교 과정을 거치면서 오히려 성적이 떨어지는 것을 많이 보았다. 사실 고등학교에 입학했던 등수 그대로 졸업하는 학생은 거의 없다. 올라가든 떨어지든 변화를 겪는다.

대개, 성적이 떨어지는 학생들은 쉽사리 이를 받아들이지 못한다. 가령 중학교 때 50등을 했는데 고등학교에 와서 100등을 한다면 자신이 받은 등수를 부정한다. 이때 떨어진 등수를 만회하기 위해 공부를 열심히 하는 것은 괜찮다. 문제는 이를 받아들이지 못하고 단순히 현실을 부정하는 사람이다. 자신은 평소만큼 했는데 등수가 떨어졌고, 운이 좋지 않아서 그렇다고 생각하고 다음에도 그 정도만큼 공부한다. 등수는 당연히 다시 100등이 나온다. 자신은 평소만큼, 아니 평소보다 더 공부했는데 성적이 떨어진 현실을 받아들이지 못한다.

나도 같은 경험을 했다. 중학교 때는 나름 성적이 나쁘지 않았기에 고등학교에 와서 크게 걱정하지 않았다. 중학교 때 그랬던 것처럼 시험 기간에만 공부를 좀 하면 어느 정도 성적을 유지할 수 있을 것이라 생각했다. 하지만 현실은 달랐다. 성적은 하향 곡선을 그리면서 점점 떨어졌고, 1학년이 끝날 때 기말고사 성적표와 등수를 보고는 충격을 받아 한동안 멍하니 서 있기도 했다.

생각해보면 당연한 일이었다. 공부는 상대적이면서 동시에 현실적인 게임이다. 상대적이라는 말은 자신의 실력은 절대치가 아니라 상대적으로 평가된다는 말이다. 중학교 때만큼 공부를 한다고 중학교 때의 성적을 얻을 수는 없다. 왜냐하면 다른 친구들의 공부량이 늘었기 때문이다. 상대적으로 자신도 공부량을 늘리지 않으면 뒤처지게 된다. 현실적이라는 말은 과거는 지난 일일 뿐이라는 뜻이다. 초·중학교 때 전교 1등이었다는 것은 현재 아무런 의미가 없다. 미리 실력을 쌓아서 누적된 공부량이 많다면 그것은 의미가 있지만 공부를 손 놓고 있는 동안, 남들이 자신을 추월했다면 과거는 더 이상 의미가 없다.

시험을 치를 때마다 성적이 떨어졌다. 그리고 그때마다 항상 다음에는 잘해야지, 하는 다짐만 하고 정작 공부는 별로 하지 않았다. 내가 하는 이 게임의 룰조차 제대로 몰랐던 것이다. 현실 자각은 1학년 겨울방학 때 이루어졌다. 너무나도 당연한 이야기지만 공부를 많이 하는 사람이 적게 하는 사람보다 성적이 잘 나온다는 현실적인 게임의 법칙을 알게 되었다. 1학년 동안, 성적의 지속적인 하락이라는 쓰라린 경험 끝에 몸으로 체득한 것이었다.

내가 성적을 올리고 내 나름의 공부법을 찾을 수 있었던 것은 과

거에 집착하지 않고 현실의 룰에 맞추어서 승리하려고 했기 대문이
다. 남들보다 좋은 성적을 받기 위해서는 남들보다 많은 시간을 공부
해야 한다. 그것이 기본 법칙이다.

과거에 잘나가던 시기를 추억하지 마라. 자신의 발목을 잡을 뿐이
다. 과거를 반추하기보다는 오히려 현재를 반성하면서 절치부심(切齒
腐心)하는 사람이 과거의 영광을 되찾을 수 있다.

하기 싫은 과목에서
성적이 오른다

하고 싶은 공부를 해야 한다는 말에 나는 적극 동의한다. 전공을 정해서 특정 분야에 대한 심화된 공부를 하는 것이야말로 대학의 목적일 것이다. 하지만 대학 입학 과정은 이상과 조금 동떨어져 있다. 아무리 자신이 역사학을 좋아하고 그와 관련된 대학에 진학하고 싶다고 해도 수학을 잘해야 하고 외국어를 잘해야 더 좋은 학교의 역사학과에 진학할 수 있다. 역설적이지만 자신이 하기 싫은 공부를 할 때 성적이 오른다.

여기서 학생들이 택할 수 있는 길은 두 가지이다. 하나는 불평만 하는 것이고, 다른 하나는 현실을 받아들여 일단 맞춰서 공부하는 것이다. 전자는 아무것도 바뀌지 않는다. 교육 정책을 비판하고 현실에 불만을 표출하더라도 결국 아무것도 남지 않는다. 후자를 선택해서 자신의 목표를 위해 인내하면 좋은 결과를 얻을 수 있다.

성적이 오르지 않는 이유는 싫어하는 과목을 공부하지 않는 경향이 있기 때문이다. 만일 시간 계획을 짜지 않고 무작정 공부한다면 시간이 어떻게 배분될까? 자신이 좋아하고 잘하는 과목에 대한 시간 배분이 클 것이다. 싫어하고 못하는 것을 하기 싫어하는 것이 사람의 심리다. 당연한 현상이다. 하지만 기억해두자. 성적이 오를 여지는 싫어하고 못하는 것을 정복했을 때 더 많다는 것을……. 그리고 자신이 아는 분야를 과감히 뛰어넘어 다른 분야로 넘어가서 공부해야 성적이 오른다.

나는 싫은 과목을 꾸준히 공부하기 위해 두 단계로 나누어 실행했다.

첫 번째 단계는 오기를 부리는 것이다. 2학년이 되어 내신에 적용되는 과목을 알아보니 다행히 개인적으로 싫어하는 예 · 체능 몇 과목이 빠져 있었다. 하지만 1학년 때 하마터면 학과 성적에서 '미'를 받을 뻔했던 미술은 2학년 때도 그대로 있었다. 공부를 열심히 하기로 한 이상 싫어하는 과목이라고 해서 낮은 성적을 받기는 싫었다. 아니, 오기로라도 반드시 만점을 받겠다고 결심을 했다.

두 번째 단계는 시간 계획을 세우는 것이다. 내신 시험을 치를 때 계획을 짜서 매일 공부할 과목들을 정해서 했는데, 이때 싫어하는 과목들을 시간표에 과감히 집어넣었다. 특별히 싫어하는 미술은 내신을 대비한 공부 기간을 좀 앞당겨서라도 더 많이 공부했다.

그 결과 미술 성적이 확실히 잘 올랐다. 거기서 얻은 효과는 성적만이 아니었다. 싫어하는 과목도 잘할 수 있다는 자신감을 얻었고 싫어하는 과목을 극복하는 방법을 알게 되었다. 아무리 싫어하는 과목이라도 일단 억지를 부리고 '질 수 없다'는 마음으로 오기를 부리면,

공부를 할 동기가 생긴다. 그리고 시간표를 만들어 그 과목에 보다 많은 시간을 쏟으면 좋은 성적뿐 아니라 자신감도 동시에 얻을 수 있다.

누구에게나 싫어하는 과목이 있기 마련이다. 하지만 싫어하면서도 좋은 성적을 얻을 수 있다. 둘은 분명히 다른 문제이다. 그리고 싫어하는 과목이나 분야도 하다 보면 좋아지게 된다. 한 번은 정말 싫고, 두 번은 그냥 싫고, 세 번은 지루할지 모른다. 그러나 네 번째로 넘어가면 익숙해질 것이다.

사람은 변한다. 싫어하는 과목에 도전하고 극복하라. 이것이 성적을 올리는 가장 빠른 방법이다.

공부의 기초는 암기다, 필살 암기법

어떻게 하면 암기를 더 잘할 수 있을까? 수많은 학생들이 이것으로 고민한다. 여기에 왕도(王道)는 없지만 정도(正道)는 있다. 여기 노하우를 공개한다.

1 많이 보라

너무 당연한 이치라 사람들이 많이 간과하고 있지만 이것이 암기의 기본 원칙이다. 많이 보지 않고 암기를 잘하는 요령 따위는 없다. 기본적으로 많이 봐야 친숙해지고 암기도 된다. 일단 제1원칙에 충실하자.

2 한 번에 길게 보기보다는 짧게 자주 본다

에빙하우스의 망각 곡선에 따르면 사람의 망각 수준은 최초 암기 후 얼마나 그것을 주기적으로 반복했는가에 따라 결정된다.

일반적으로 아무런 반복을 하지 않을 경우 1시간이 지나면 배운 것의 80%는 잊어버린다고 한다. 역으로 생각하면 한 시간이 지나기 전에 반복만 해주어도 배운 것의 대부분을 기억해낼 수 있다는 뜻이다.

이를테면, A, B, C, D, E라는 5개의 집단에 대해 암기해야 할 것이 있다고 하자. 여기서 효과적인 방법은 A, B, C, D, E 각각 하나씩에 긴 시간을 투자해 암기하고 넘어가는 것이 아니다. 먼저 A, B, C, D, E에서 중요 부분만 대충 훑어서 암기하고, 다시 A, B, C, D, E를 보면서 중요한 부분을 점검하고, 그런 뒤에 세부 부분을 외우는 것이 더욱 효과적이다.

3 청크를 형성한다

청크(chunk)란 사고의 덩어리를 뜻한다. 인간의 뇌가 한 번에 단기 기억에서 기억할 수 있는 숫자는 7±2이다. 단, 여기서 기억의 숫자만 제한이 있지 개당 크기는 상관이 없다고 한다. 암기해야 할 것을 따로따로 하면 머릿속 용량을 다 차지해버려서 많이 암기할 수 없지만, 사고의 체계화를 통해 청크를 형성하면 훨씬 더 많은 양을 암기할 수 있다.

기차, 연필, 사이다, 화장품, 달력, 볼펜, 칠판, 선생님, 버스, 가위, 택시, 통닭, 증권, 시장, 은행, 비행기, 노트북, 핸드폰, 이불, 형광등, 공책, 바지, 채권, 떡볶이, 자전거, 순대이 단어들을 모두 암기하는 데 얼마나 걸릴 것 같은가? 순서는 상관없이 모든 항목을 다 암기해야 한다.

나라면 우선 외워야 할 단어가 26개라는 것을 세어 본 뒤, 다음과 같이 체계화를 시킬 것이다. 즉 단어를 외우기에 앞서 우선 그 범주, 카테고리를 외우고 하위에 있는 단어를 외우면 쉽다.

교통수단 – 기차, 버스, 택시, 비행기, 자전거

학습 – 연필, 볼펜, 칠판, 선생님, 가위, 공책

먹거리 – 사이다, 통닭, 떡볶이, 순대

거래 – 증권, 시장, 은행, 채권

방 안 – 노트북, 화장품, 달력, 이불, 바지, 핸드폰, 형광등

4 여러 감각을 이용해서 암기하라

암기할 때 가능한 오감을 모두 활용하는 것이 좋다. 손으로 쓰고 눈으로 보는 것은 물론이고 말로 하는 것도 좋다. 이때 감각이 너무 분산되면 좋지 않으므로 암기 대상마다 활용해야 할 감각이 다르다. 구체적이고 뚜렷한 대상은 머릿속으로 이미지를 그리고 손으로 적으면서 암기하는 것이 유용하다. 방향성이 필요한 암기는 몸의 동작을 활용해 보는 것이 좋다. 그 외에도 입으로 말해서 외우는 방법 등 여러 가지가 있다.

5 추상적인 것은 구체화하라

일반적으로 사람들이 잘 기억하는 것은 추상적이고 애매한 것보다는 구체적이고 확실히 그 실체를 확인할 수 있는 것들이다. 그래서 추상적인 것을 구체적인 것으로 이미지화할 필요가 있다. 여기서 이미지는 꼭 많은 사람이 동의하는 것일 필요는 없다. 자신이 편한 것으로 하면 된다.

가령 '평화'라는 단어를 말했을 때, 사람마다 떠올리는 것이 다양하겠지만 잔잔한 수평선이 그려진 푸른색 바다가 떠오른다면 그것도 한 가지 방법이다. 암기는 어디까지나 개인의 영역인 만큼 자신의 암기를 하기 위해서라면 다소 황당한 것을 상상해도 상관없다.

추상적인 개념을 암기하는 방법의 예를 한 번 들어보자. 어떤 개념의 특성에 '중립성', '완전성', '형식보다 실질 우선', '구체성'이라는 항목이 있다고 하자. 이렇게만 나열해 놓으면 전혀 와닿지 않는다. 이때 나는 구체적인 대상을 떠올리면서 각 항목들을 암기했다. 직육면체이고 투명한 빈 어항을 생각해보자.

여기에 물을 넣는다. 물을 넣는 행동을 '구체성'이라는 항목과 연결시켰다. 그리고 어항의 목적은 금붕어 등을 넣는 것이므로 금붕어를 넣었다. 단순한 형식이 아니라 어항의 실질을 갖추었다. '형식보다 실질 우선' 항목에 해당된다. 뚜껑을 완전히 닫는 것은 '완전성'이며, 평평한 바닥에 놓았다면 '중립성'이다. 이렇게 어항을 하나 떠올리면 하부의 4가지 추상적인 개념들을 암기할 필요가 없다.

다소 억지스럽지만 자신만의 암기 방법을 통해서 필요한 항목들을 자연스럽게 도출할 수 있다.

6 암기할 때의 상황을 떠올려라

일반적으로 암기한 것이 생각나지 않는다면 두 가지 상황 중 하나다. 암기가 아예 안 되었거나, 암기한 것이 인출되지 않는 상황이다. 암기가 되지 않았을 때는 여러 암기 방법들을 통해 극복하기로 하고, 인출이 되지 않는 경우를 알아보자. 이는 암기할 때의 상황과 밀접한 연관이 있다. 일부 기억들은 특정 장소, 상황에 놓였을 때 훨씬 쉽게 인출이 된다.

시험공부를 했는데 딱히 무엇을 공부했는지 기억나지 않을 때가 종종 있다. 그러다가 막상 시험장에 들어가면 기억하지 못했던 것들이 머릿속에 떠오른다. 바로 이런 상황이 여기에 해당한다. 특정 상황은 기억을 잘 살린다. 하지만 꼭 그것이 실제 현실일 필요는 없다. 머릿속으로 암기할 당시의 상황을 떠올리는 것만으로도 충분하다. 즉 암기한 것을 인출할 때, 공부했던 상황, 수업을 들었던 상황을 떠올리는 것이 좋다. 최소한 그 주변의 여건이라도 떠올리면 암기했던 것을 훨씬 쉽게 인출할 수 있다.

7 운율을 이용하라

노래 가사를 다 외우는 곡이 하나 정도 있지 않은가? 생각해보면 신기한 능력이다. 운율을 이용한 암기법은 고대에서부터 사용되어 왔다. 만일 그렇지 않다면 어떻게 호메로스의 일리아드가 문자도 없던 시기에 고이 전해져 내려올 수 있었을까? 운율을 이용하는 방법은 인간의 감각에 자연스레 암기를 맡김으로 세세하게 기억하는데 유용하다.

나는 이러한 방법으로 한국지리에 나오는 우리나라 산맥들을 다 외웠다. 우선 앞 글자씩만 따서 보면 이런 식이 된다. "강적묘언멸마강 차노소낭……" 여기에 산토끼 노래의 운율을 붙였다. "강적묘언/멸마강/차노소낭/……" 두어 번만 따라 불러 보면 수많은 산맥들을 다 외울 수 있다.

8 암기 대상 겹치기 & 연관 짓기 방법

서로 별 관련이 없는 것들을 암기해야 될 경우 이 방법은 유용하다. 암기해야 할 것들이 '책상'과 '의자'처럼 연관이 있다면 쉽겠지만, 전혀 관계없이 '침대'와 '약'이라고 한다면 어떻게 해야 할까?

이 경우에도 억지로 연관을 만들어 보는 것은 좋은 암기법이 된다. 실제 암기 대상끼리 관련이 있는지 여부는 별 상관이 없다. 머릿속에서 억지로 둘을 연관시키면 된다.

침대 위에 약이 놓여져 있는 둘의 이미지를 겹쳐 보는 것이다. 암기 수가 많아지면 이 방법은 청크를 만들어 줌으로써 암기를 훨씬 쉽게 돕는다.

또 하나 예를 들어보면 '의자', '곰 인형', '깃발' 이렇게 따로 3개를 외우는 것보다는 '곰 인형이 의자에 앉아서 깃발을 들고 있는' 이미지 하나만 상상하면 암기하기가 훨씬 편하다.

9 스토리텔러 되어 보기

암기해야 될 대상으로 자신만의 이야기를 만들어보자. 아무리 허무맹랑한 것이어도 상관없다. 이 방법은 특히 순서가 중요한 암기에서 유용하다.

회상할 때 이야기의 흐름을 따라서 암기 대상을 적다보면 모두 적을 수 있다. ③번의 '청크를 형성한다'에서 나왔던 항목들과 그 범주를 가지고 이야기를 만들어서 암기해보자.

학교에 갔더니 '선생님' 께서 '칠판' 앞에 계셨다. 나는 '연필과 볼펜'을 가지고 '공책'에 필기를 해서 '가위'로 오렸다(학습 관련 항목). 집으로 돌아갈 시간이 되어 무엇을 타고 갈지 '기차, 버스, 택시, 비행기, 자전거(교통수단 항목)' 중에서 고민했다. 오는 길에 배가 너무 고파 '떡볶이, 순대, 통닭, 사이다(먹거리 항목)'를 샀다. 음식 파는 곳 옆에는 '은행'이 있었는데 '증권, 채권'을 파는 '시장'이라고 되어 있었다. 그리고 방에 와서 '형광등'과 '노트북'을 켰다. '달력'과 '핸드폰'을 확인하고는 '바지'를 벗고 '이불'을 덮은 후 인터넷으로 '화장품'을 샀다.

중요한 것은 세부 내용을 하나하나 다 기억하는 것이 아니다. 다만 학교에서 수업을 듣고 집으로 오는 길에 무엇을 타고 올지 고민하고 무엇을 사고 무엇을 보았다는 사실을 암기함으로써 범주를 기억하는 데 그 목적이 있다. 그리고 각 범주 아래 하부 항목들을 하나씩 기억한다.

10 남에게 설명하라

암기에서 마지막으로 중요한 것은 얼마나 암기했는지 확인해보는 것이다. 이때 남에게 설명해 보는 것만큼 좋은 방법은 없다. 알고 있다고 생각하는 것 중에 남에게 설명하려고 하면 의외로 기억하지 못하는 부분이 많다는 것을 알 수 있다. 꼼꼼하게 암기해야 될 경우 이 방법은 빈자리를 찾아 줄 뿐만 아니라 남을 가르침으로써 내가 다시 배우는 효과를 누릴 수 있다.

위의 열 가지 방법들을 한 번에 다 하기보다는 쉬운 것부터 하나씩 적용하는 게 유용하다. 최종적으로 이러한 암기 방법들이 몸에 익숙해지면 자연스럽게 암기 시간을 단축할 수 있다.

앞에서 열거한 암기 방법 중 몇 가지가 기억이 나는가? 나중에 다시 봐야지 생각하면서 주의 깊게 보지 않았다면 한 가지도 기억 나지 않을 수도 있다. 암기는 어렵고 복잡한 과정이 아니다.

암기는 자신의 주변 사물을, 그리고 공부하는 내용을 조금 더 주

의 깊게 보는 데서 시작한다. 간단한 것부터 암기하는 방법을 익히도
록 하자.

## PART 2

속 시원히
내신과 수능 전략
파헤쳐보기

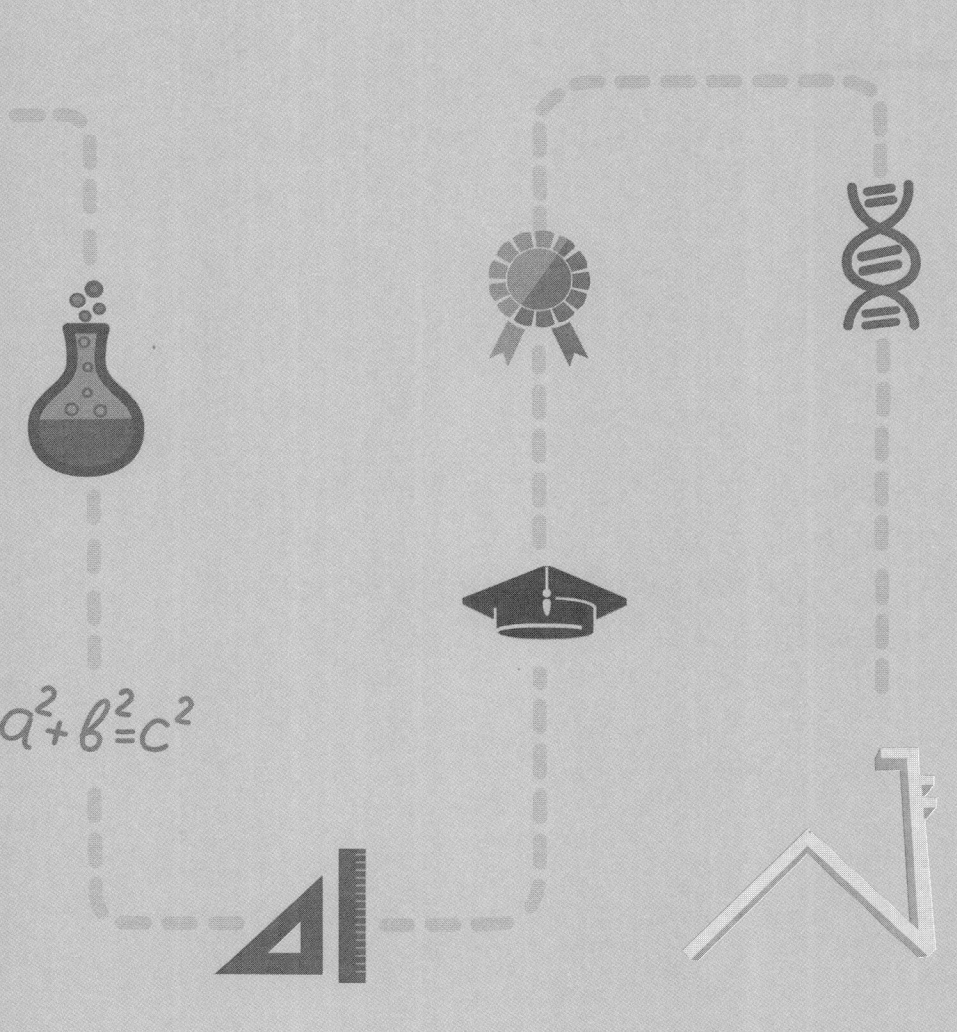

$a^2 + b^2 = c^2$

│ 고등학교 3년의 마라톤, 내신 관리
│ 철저한 수능 관리로 서울대에 입성하라

1

고등학교 3년의
마라톤,
내신 관리

" 내신 성적을 잘 받았다는 것은 고등학교 3년간 중간고사,
기말고사를 큰 실수 없이 잘 보았다는 반증이다. 꾸준히
공부를 잘해 온 학생은 대학에서도 잘할 가능성이 높다
는 것을 증명하기도 한다. "

내신 시험문제는
학교 선생님이 낸다

　　　　　　　서울대뿐만 아니라 국내 대부분의 대학에서 내신의 비중이 커지고 있으며 수시 모집 인원을 늘리고 있다. 즉 수능을 자격고사화하고 내신 성적이 괜찮은 학생을 뽑겠다는 대학이 늘어가는 것이다. 또한 정시에서도 내신을 반영하는 비율이 커지고 있다.

　내신 성적은 고등학교 3년간의 기록이다. 수능에 비해 내신 성적은 공신력이 떨어질 수 있다. 왜냐하면 학교마다 출제 난이도가 다르고 학생 수준이 다르기 때문에 비교가 불가능하기 때문이다. 그래서 과거 내신이 한창 부풀려질 때 대학들은 고등학교의 내신을 불신했고, 그런 이유로 수능의 비중이 높아졌으며 학교별로 다른 시험을 치르기도 했다(내신을 단순히 참고 사항으로 취급하던 시절도 있었다).

　하지만 이제는 상황도 인식도 많이 달라졌다. 절대적인 전국 석차만 중시하던 분위기에서 학생의 잠재력, 성실성, 꾸준함 등을 중시하는 분위기로 바뀌었다. 그리고 대학에서는 다양한 입시 전형을 통해 나름의 비교 기준을 가지고 학생들을 평가하고 있다.

내신 성적을 잘 받았다는 것은 고등학교 3년간의 중간고사, 기말고사를 큰 실수 없이 잘 보았다는 반증이다. 꾸준히 공부를 잘해온 학생은 대학에서도 잘할 가능성이 높다는 것이 입학 관계자의 판단이었다. 실제로 서울대학교 내에서도 수시 전형으로 들어온 학생과 정시 전형으로 입학한 학생의 졸업 학점을 비교해 보니 전자가 높았다는 연구 결과가 나오기도 했다.

이러한 배경에 힘입어 내신의 비중은 점점 커지고 있다. 수능 시험은 고등학교 3학년 말에 학생의 공부가 어느 정도 완성에 이르렀을 때 치르지만 내신 시험은 입학하면서부터 바로 치른다. 고등학교 3년 동안 학생이 더 자주 마주치고 싸워야 하는 상대는 일단 내신이라고 할 수 있다. 고등학생의 입시는 내신에서 시작해 수능으로 끝이 난다고 할 수 있는데, 그 시작이 되는 내신을 한번 파악해보자.

'수능'과 '내신'이라고 묶어서 말하지만 이 둘은 산출되는 과정이 판이하게 다르다. 수능과 비교해 내신은 누적적인 기록이며, 절대 되돌릴 수 없다. 반면 수능은 딱 한 번의 기록이며, 다시 볼 수 있다(물론 1년이 더 걸리기는 한다).

간단히 말하면, 고등학교의 내신 성적은 중요하다. 그래서 고등학교에 들어가면 먼저 신경 써야 할 부분은 모의고사보다는 내신 관련 시험이다. 하지만 누적합 방식이기 때문에 한두 번의 시험, 한두 개의 문제에 너무 일희일비하지 않아도 된다. 모든 것이 기록에 남아서 평가된다는 말은 뒤집어 보면 하나하나는 비중이 그리 크지 않다는 말도 된다. 물론 한 문제라도 더 맞히는 게 좋고 한 과목이라도 시험을 더 잘 치르는 것이 좋다. 하지만 지나치게 집착하면 효율적으로 공부하는 데 방해가 될 수 있다는 점도 명심해야 한다.

　그렇다면 내신을 잘 받기 위해 어떻게 공부해야 할까? 내신 시험은 누가 출제하는가부터 생각해보자. 당연히 학교 선생님이다. 출제자가 베일에 쌓여 있고 불특정 다수를 대상으로 문제를 출제하는 수능과는 다르다. 그래서 내신 시험 공부를 할 때 가장 우선시할 것은 선생님이 수업한 내용이다. 수능에서는 아주 지엽적인 문제나 일반적인 해석과 방향을 달리하는 문제를 출제하기가 힘들다. 왜냐하면 사고력 측정에 문제의 초점이 맞춰져 있기 때문에 누가 봐도 보편타당해야 한다. 하지만 내신 시험은 다를 수 있다. 가령 같은 문학 작품을 가지고 내신과 수능에서 문제를 출제한다고 생각해보자. 수능에서는 주어진 지문을 읽고 일반적인 해석을 한다면 누구나 풀 수 있는 문제를 출제해야 한다. 반면 내신 시험은 수업시간에 다루었던, 일반론에서 벗어난 해석을 출제할 수도 있다.

　이런 내신 시험에 대비하기 위해서는 자신의 교실에서 수업하는 선생님은 물론 다른 선생님들의 수업 내용에 대한 정보도 필요하다. 필자가 고등학교 2학년 때, 문과가 5반, 이과가 7반이었다. 문학 수업은 모든 반에서 듣는 것이다 보니 선생님 한두 분으로는 감당 할 수가 없었다. 그래서 대여섯 분 정도 선생님이 나누어서 수업하셨다. 우리 반에는 그중 세 분의 문학 담당 선생님이 수업을 들어오지 않으셨다. 하지만 시험 문제는 그 선생님들도 공동으로 출제하는 것이었다. 첫 시험에서는 꽤나 당황했다. 열심히 공부했는데도 내가 듣지 못한 수업에서만 중요하다고 일러준 지엽적인 문제가 출제되었기 때문이다.

그래서 그 뒤부터는 모든 선생님의 수업 내용을 모두 알 수 있을 정도로 다양한 학급에서 교재를 빌려 한 곳에 정리했다. 나중에는 문학뿐만 아니라 다른 과목도 여러 분의 선생님이 담당하는 경우 반드시 노트와 교재를 빌려 교차 확인했다. 내신 문제는 학교 선생님께서 출제하지만 자신이 수업을 한 번도 들어보지 못한 선생님이 문제를 출제할 가능성도 얼마든지 있다. 자신의 수업을 담당하시는 선생님께서 알려주신 내용을 주목해야 하는 것은 기본이고 수업을 하지 않는 선생님으로부터 나오는 정보도 알아내어 대비해야 한다.

내신 시험문제는
수업 시간에 나온다

내신 점수를 잘 받기 위해서는 당연히 수업을 잘 들어야 한다. 수능은 학교 수업을 열심히 듣지 않고도 좋은 성적을 받는 경우가 있다. 물론 성적이 안 좋게 나오는 경우가 더 많지만 말이다. 그러나 내신은 별 예외가 없다. 가르쳐 준 사람이 문제를 내는 상황에서 그것을 제대로 듣지 않았다면 당연히 성적을 잘 받기가 힘들다. 친구의 필기를 빌릴 수도 있고, 학원을 다니면서 수업을 보충할 수도 있지만, 본인이 학교 수업을 잘 들었다면 아무런 문제가 없을 것이다. 나는 수업을 잘 듣기 위해 교탁 가까이에 앉았다. 보통 교탁 바로 앞이나 거기서 한 칸 뒤에 자리를 잡았다. 일단 기본적으로 선생님과 가까이 있으면 수업 시간에 긴장의 끈을 놓을 수가 없다. 딴 짓을 한다거나 졸기에 힘든 자리다. 결국 수업을 열심히 들을 수밖에 없는데, 그러다 보면 자연스럽게 선생님의 관심도 받게 된다.

사실 수업을 뒷자리에서 듣는 학생들은 앞에서 어떤 일이 벌어지는지 잘 알지 못하는 경우가 비일비재하다. 같은 수업을 듣고 있다고 생각하지만 수업의 이해도는 전혀 다르다. 선생님은 분명 교실의 모든 학생들을 위해 수업을 하지만, 진도를 나가는 속도나 난이도를 모든 학생들에게 맞출 수는 없다. 결국 일부 학생들을 기준으로 수업 진도를 나가게 되는데 보통 가까이 있는 학생들이 기준이 되기 쉽다. 가령 선생님이 어려운 내용을 설명했을 때, 뒤에 있는 학생이 잘 모른다는 표정을 지어도 선생님은 알아채기 쉽지 않다. 하지만 바로 앞에 앉아 있는 학생이 모르겠다는 표정을 지으면 굳이 질문하지 않아도 다시 한 번 설명해준다.

교실에서 본인이 자리를 바꾸어 보면 차이를 알 수 있다. 특히 뒷자리에 있다가 앞자리에 앉으면 자신의 성적이 왜 기대 이상 나오지 않는지 그 이유를 바로 느낄 수 있다. 자신의 자리를 확인해보고, 가능하면 수업 시간에는 교탁과 가까운 앞자리에 앉기를 권한다.

교과서가
시작과 끝이다

내신 시험의 또 다른 특징은 시험 범위가 정해져 있다는 것이다. 문학이라면 나올 문학 작품의 수가 정해져 있고, 수학이라면 몇 단원으로 범위가 제한되어 있다. 외국어라면 학교 교과서나 학교에서 쓰는 다른 문제집으로 그 범위가 제한된다. 결국 살펴보면 교과서에서 시작해서 교과서로 끝이 난다. 자습서를 사용하는 이유는 교과서를 보충하기 위함이지 그 자체가 목적이 아니다. 가끔씩 학교 수업은 열심히 듣지 않고 자습서에 나와 있는 내용만 공부하는 학생들이 있는데 출제 범위가 다를 수도 있다.

내신이 출제되는 범위는 선생님이 가르쳐준 범위를 넘어가지 않는다. "무엇을 공부하든 그 이상을 보게 될 것이다"라는 농담은 존재하지 않는다. 가르쳐준 범위 내에서 공부를 열심히 했다면 다 맞힐 수 있도록 출제한다. 물론 변별력을 높이려고 응용 문제나 좀 심화된 문제를 출제할 수도 있지만 열심히 공부했다면 도전해볼 만한 문제들이다. 교과서 외의 참고서로 공부하고 문제집을 푸는 것은 본래의 공부가 충분하다고 느껴졌을 때 하는 일임을 알아야 한다.

내신 시험을 대비하기 위해 문제집을 많이 푸는 친구들도 있었지만 나는 그렇게 하지 않았다. 다양한 문제집을 풀기보다는 필기 내용을 중시했다. 앞에서 언급했듯 우리 반 교실에서 수업하지 않는 선생님들의 필기까지 다 구해놓는다면 그것으로 충분하다고 생각했다. 다만 시험을 보는 전날에는 문제집이 아니라 참고서에 나와 있는 문제를 간단히 풀어보았다. 어차피 문제집을 푼다고 선생님께서 출제할 만한 문제들을 예측하는 것은 불가능했고, 만약 선생님도 참고를 한다면 우선 교과서와 직접 관련 있는 같은 출판사의 참고서를 볼 것이기 때문에, 교과서와 같은 출판사의 참고서 한 권에 실린 문제만 간단히 풀어 보는 것이 시간 대비 효율이 가장 좋은 마무리 학습법이라 판단한 것이다.

참고서는 문제만 잔뜩 나오는 문제집이 아니다. 참고서의 문제를 푸는 것은 배운 내용을 간단히 문제에 적용하는 과정이고 동시에 실수를 미리 발견하고자 하는 차원이다.

기출 문제를
분석하라

해당 과목 선생님의 기출 문제를 구해서 풀어보면 내신 성적을 올리는 데 큰 도움이 된다. 한 과목을 같은 선생님이 계속 출제한다면 기출 문제와 유사할 가능성이 높다. 이 말은 선생님이 지난 기출 문제에서 문제를 그대로 뽑아 온다거나 참고한다는 뜻이 아니다. 하지만 출제되는 문제는 비슷할 수밖에 없다. 왜냐하면 문제는 결국 선생님이 중요하다고 생각했던 부분에서 출제될 수밖에 없는데, 문제 형태는 달라져도 중요한 부분 자체가 달라지진 않기 때문이다.

그래서 기출 문제를 구해서 풀어본다는 것은 크게 두 가지 면에서 효과가 있다. 하나는 배운 범위에서 공부한 성과를 미리 테스트해보는 것이다. 공부한 개념이 실제 문제를 풀면서 어떻게 적용되는지 배울 수 있다. 또 다른 하나는 중요 부분을 확인하는 것이다. 학생이 중요하다고 생각하는 부분과 선생님이 중요하다고 생각하는 부분은 얼마든지 다를 수 있다. 선생님이 정말 중요하다고 생각하는 부분은 수업 시간에 강조하겠지만 그 외의 다른 부분은 학생들이 찾아야 한다.

기출 문제 풀이는 문제 그 자체를 익히기 위함보다도 어느 부분에서 문제가 많이 출제되었는지를 파악하기 위한 공부다. 그리고 그 부분을 집중적으로 공부함으로써 효율을 높인다.

기출 문제를 구하는 방법은 각자에게 달려 있다. 학교 선배에게 요청해서 구할 수도 있고, 다니는 학원에서 문제를 구할 수도 있으며, 인터넷을 통해서도 구할 수 있다. 친구가 구해 놓은 문제를 빌리는 과정도 하나의 중요한 '공부'다.

비중이 높은 과목에
집중하라

과목별 학습량과 시간 조절은 어느 공부에도 해당된다. 내신은 더욱 그렇다. 냉정하게 따져보면 여러 과목들이 같은 100점으로 표시되더라도 나중에 반영되는 비중이 다르다는 사실을 꼭 알아야 한다. 이를테면 주요 과목은 성적, 석차 모두가 중요하지만 예·체능 과목은 일정 성적 이상이면 다 똑같은 것으로 간주하는 경우도 있다. 같은 주요 과목이라고 하더라도 수업시수(각 교과목을 이수하는 데 소요된다고 결정한 단위)에 따라서 반영되는 비중이 다르다. 수업시수가 5인 과목과 3인 과목은 나중에 내신 성적을 산출할 때 다른 비중으로 반영된다.

여기서 중요한 것은 과목의 총 평균점에 목을 매지 말라는 것이다. 평균이란 각 과목들의 비중을 무시한 채 단순 숫자들을 계산한 결과일 뿐이다. 게다가 학교 석차도 이러한 평균을 기준으로 나오는데, 여기에 크게 신경 쓸 필요는 없다. 결국 내신 성적이 산출될 때는 과목별로 따로 집계가 되고 최종 합계의 등수 따위는 존재하지 않는다. 과목별 성적과 석차가 기록될 뿐이다.

필자는 1학년 때 내신 성적이 별로 좋지 않았다. 2~3학년 때는 열심히 했는데 1학년 때 성적이 그다지 좋지 않아서 결국 수시 모집에 지원하지 못했다. 그래서 정시 전형에서도 성적이 별로 좋지 않을 것이라고 생각했는데 의외로 좋았다. 1학년 때 석차가 낮았던 이유는 음악, 미술, 체육 등 예·체능 과목에서 성적이 많이 떨어진 때문이고, 서울대의 내신 반영 비율은 1학년 20%, 2학년 30%, 3학년 50% 이런 식이었다. 대학에서 필요로 하는 기준에 맞추어 내신 성적을 산출해보면 막상 학교에서 학생들끼리 매기는 석차와는 다른 결과를 볼 수 있다.

반영되는 비중이 높은 과목에 우선 시간 배분을 하고 더 많은 시간을 쏟아부으라고 강조하고 싶다. 체육 필기를 하루 종일 공부해서 100점을 맞는 것과 하루의 절반을 공부해서 90점을 맞는 것은 당장 차이가 있어 보이겠지만 결과적으로 차이가 없을 수도 있다. 학교에서는 이러한 사실을 알려주지 않는다. 오히려 단순 평균만을 강조함으로써 이러한 사실을 은폐하는 경향도 있다. 시간은 누구에게나 제한적이다. 제한된 시간을 어떻게 사용할 것인가에 따라 성패는 결정된다.

문제 풀이보다
개념 이해가 먼저다

과목별 시간 배분 문제에서 넘어가 한 과목을 공부할 때 시간 배분을 어떻게 할지 생각해보자. 어떤 과목이든 일단 이해가 선행되어야 한다. 즉 개념 이해가 우선이다. 문제를 푸는 것은 자신이 배운 개념을 확인하는 데 의미가 있다. 문제를 외워서 비슷한 문제가 나오면 맞히려고 푸는 게 아니다. 학교 선생님들은 학생들이 지난 기출 문제를 어떤 형태로든 구해서 풀어본다는 점을 알고 있으며, 가능하면 기출 문제와 같은 문제는 피한다. 기출 문제가 있으므로 오히려 같은 문제가 나올 가능성은 줄어들게 된다.

문제 위주가 아니라 개념 위주로 공부한다면 어떤 식으로 변형된 문제가 나오더라도 풀어낼 수 있다. 문제 풀기는 필요하다. 하지만 개념도 익히지 않고 문제를 풀면 문제를 이해하는 것이 아니라 암기하는 것이다. 결국 조금만 변형된 문제가 나와도 자신이 외웠던 문제와는 다르기 때문에 틀리게 된다.

개념 학습을 한다는 것은 그 근본 원리를 파악한다는 것이다. 수학으로 예를 든다면 공식을 암기하는 것이 아니라 공식이 도출되는 과정과 왜 그 공식이 필요한지를 이해하는 것이다. 영어의 문법을 공부한다면 도대체 왜 이러한 문법이 필요한가를 이해하는 것이다. 영어 문법 중 'to 부정사'를 가지고 간단한 예를 들어 보자.

생생학습법 || 많은 학생들이 'to 부정사'를 알고 있다. 그리고 형용사적 용법, 부사적 용법 등 다양한 문법적 사항들도 줄줄 암기하고 있다. 하지만 정작 to 부정사가 왜 존재하는가에 대한 물음에 답할 수 있는 학생은 별로 없다. 이를 알기 위해서는 영어라는 언어의 특성에서 시작해서 '왜?'라는 질문에 도달한 후 그 답을 찾아내야 한다.

영어는 한국어와 달리 단어의 위치와 표현되는 형태가 중요하다. 한국어는 서술어가 맨 뒤에 오기만 한다면 중간에 주어, 목적어, 보어, 수식어 등의 위치가 얼마든지 바뀔 수 있다. 의미만 통하면 된다. 가령 "결국 그녀에게 그가 청혼을 했다", "그는 그녀에게 결국 청혼을 했다" 이 두 문장은 주어의 위치도 다르고 부사의 위치도 다르지만 의미는 같다. 두 문장 다 아무런 문제가 없다. 하지만 영어는 그렇지 않다. 주어는 서술어 앞에 와야 하며 보어나 목적어는 그 뒤에 와야 한다. 그리고 목적어와 보어가 동시에 오는 경우는 목적어, 보어 순으로 와야 한다. 위치가 정해져 있는 것이다.

그리고 동시에 영어의 구성 요소(주어, 서술어, 목적어, 보어, 수식어)에 들어갈 수 있는 품사도 한정되어 있다. 이를테면, 주어 자리에는 명사와 대명사만이 들어갈 수 있고, 서술어 자리에는 동사만, 목적어 자리에는 명사와 대명사만, 보어 자리에는 명사와 대명사 그리고 형용사만 들어갈 수 있다.

to 부정사가 나온 이유는 바로 이 두 가지 상황에서 기인한다. 영어는 위치 형태 중심어이고 구성 요소로 들어갈 수 있는 품사도 제한되어 있다. 하지만 상황에 따라서 분명히 동사임에도 불구하고 주어 자리에 들어갈 일이 생긴다. 가령 '운전을 한다는 것은 위험하다'는 문장을 쓸 때 분명히 주어 자리에 '운전을 한다'는 동사 'drive'를 사용해야 한다. 하지만 일반적으로 동사는 주어가 될 수 없다. to 부정사는 이런 상황에서 탄생했다. 동사를 주어 자리에 써야 하는데 그대로 쓸 수는 없으므로 'to+동사원형'의 형태를 취해 명사화시켜서 들어가는 것이다. 그래서 'To drive is dangerous'에서 'To drive'가 '운전을 한다는 것' 또는 '운전을 함'으로 해석되는 것이다. 쉽게 말해 to 부정사는 동사를 다른 구성 요소 자리에 사용하기 위해 만들어진 일종의 언어적 약속이다.

이러한 원리를 파악하면 이제 to 부정사가 어떻게 쓰이는가를 훨씬 쉽게 이해할 수 있다. 명사적 용법, 형용사적 용법, 부사적 용법 등을 외우는 것이 아니라, 서술어가 아닌 다른 자리에서 동

사가 쓰이기 위해 to 부정사가 사용되었다는 것을 알면 해석도 훨씬 매끄러워진다. to 부정사를 공부하면서 상황에 따른 용법을 외우기 시작하면 끝이 없다. 근본 원리를 알고 '왜'라는 질문을 던지면 해석은 자연스럽게 따라온다. ||

위에서 to 부정사를 예로 들어 설명했듯, 이러한 사고 과정이 바로 개념 학습이다. 단순 암기가 아니라 항상 '왜'라는 질문을 던지는 것 그리고 그 원리를 이해하는 것, 그것이 바로 개념 학습이다.

문제 출제 감각을
익혀라

　　　　　　　그렇다면 어떻게 해야 하나? 이 질
문에 필자는 공부할 시간을 조금 줄이더라도 '무엇이 나올까' 하는
생각을 해볼 것을 권장한다. 문제를 많이 풀어보라는 말이 아니다.
문제 출제 감각을 익히라는 소리다. 만일 자신이 문제를 낸다면 어떤
부분을 출제할 것인가? 그리고 그 이유는 무엇인가? 사실 같은 시간
동안 공부를 하더라도 성적이 잘 나오는 학생과 그렇지 못하는 학생
의 차이는 여기에 기인한다. 비슷한 집중력으로 비슷한 시간을 공부
했는데도 성적이 다르다면 공부에서 핵심을 짚어내는 '감각'에서 차
이가 나는 것이다.

　공부와 출제될 문제 사이를 잇는 감각을 키우는 일은 대단히 중요
하다. 특히 고등학교를 지나 대학교에 가면 공부의 양은 많아지고 시
험 범위는 커진다. 그러면 문제 출제 감각은 더욱 중요해진다. 당장
은 내신 성적을 위해서, 그리고 앞으로 더 큰 공부를 하기 위해서라
도 문제 출제 감각을 갈고 닦을 필요가 있다.

　감각을 익히는 구체적인 방법은 의외로 쉽다. 우선 혼자서 중요한

부분을 짚어본다. 그리고 자신에게 한번 설명해본다. 왜 이 부분이 다른 부분에 비해서 중요한지, 그리고 만일 문제가 나오면 어떤 식으로 나올 것 같은지. 또한 기출 문제가 있으면 풀어보고 자신의 생각과 일치하는지 확인해본다. 기출 문제와 자신의 생각이 꼭 같을 필요는 없다. 전혀 생각하지도 않은 부분에서 나온 것을 체크하고 친구와 토론해본다. 서로 이런 부분은 이래서 중요할 것 같다는 식의 의견 교환을 한 후, 일치하는 부분은 중요성을 확인했으니 넘어가고 일치하지 않는 부분은 상대방이 왜 그렇게 생각하는지를 물어본다. 의견을 들어보고 자신의 생각을 수정하든가 다른 의견을 제시한다.

이 방법을 사용하는 시기는 일단 대략적인 공부를 끝낸 뒤이다. 공부를 하기도 전에 무엇이 중요한지 알 수 있는 방법은 없다. 일단 공부를 하고 다시 복습할 때 무엇을 위주로 복습해야 하는지 생각해보아야 한다. 나는 교과서를 펼쳐서 중요하다고 생각한 부분에 별도의 표시를 했다. 중요하다고 생각한 부분이 실제로는 중요하지 않거나 시험에 전혀 나오지 않을 수도 있다. 하지만 두려워해서는 아무것도 할 수 없다. 과감하게 체크하고 친구들과 이야기를 해보며 또 실제 시험을 치르면서 자신의 감을 확인하고 키울 수밖에 없다.

시험 시간표에 맞춰 시간을 배분하라

내신 시험 기간이 다가오면 가장 먼저 준비해야 할 일은 계획을 짜는 것이다. 2주나 3주 전부터 시험을 준비한다고 하면, 시험 범위가 아직 다 확정되지는 않았더라도 대략적으로는 알 수 있다. 평소 그 과목의 수업 속도나 선생님의 성향을 고려해 본인이 대충 예상을 하는 것이다. 범위를 모르더라도 어차피 어느 부분에서 시작하는지는 알 수 있기 때문에 문제가 되지 않는다. 범위가 채 나오기도 전에 시험 공부를 끝낼 수 있는 사람이 있다고는 생각하지 않는다.

대략의 시험 범위가 정해지면 남은 시간을 계산해서 시간을 배분해야 한다. 시간 배분의 핵심은 과목별로 알맞게 배분하는 데 있다. 이런 절차를 거치지 않으면 나중에 과목별 공부 시간에 차이가 나고 최대의 효과를 누리지 못한다.

시간을 배분하는 기본적인 방법은 이렇다. 우선 주요 과목들에 당연히 많은 시간을 할당한다. 그리고 주요 과목은 아니더라도 시험 범위가 많은 과목 역시 많은 시간을 할당해야 할 것이다. 아무리 필요

없는 과목이라 하더라도 절대 포기해서는 안 된다.

그리고 배분된 시간을 배치할 때 <mark>암기 과목</mark>들은 짧은 시간으로 나누어 앞부분에 여러 번 배치한다. 그리고 시험이 뒤로 갈수록 암기 과목을 공부하는 시간이 많아지도록 한다. 앞부분에 여러 번 배치하는 이유는 자주 보면서 기억해야 할 사항들을 암기하기 위해서이다. 한 번에 5시간 동안 본다고 5시간에 해당하는 분량을 다 외울 수 없다. 하지만 하루에 1시간씩 나누어서 5일 동안 본다면 5시간에 해당하는 분량을 외울 수 있다. 그리고 시험 직전에 공부함으로써 최종적으로 확인하고 시험에 들어가는 것이다.

<mark>주요 과목</mark>은 이와는 반대이다. 절대적인 시간 자체는 다른 과목보다 많아야 한다. 그러나 시간 배분에 있어서는 시험 공부의 초반에 많은 부분을 할애하고 뒤에는 암기 과목에게 자리를 내어준 후, 반복 학습에 주력해야 한다. 더불어 가능하다면 기출 문제까지 구해서 풀어보고 참고서 문제를 풀어보는 것도 좋다.

기본 방법은 이렇지만 상황에 따라 유연하게 달라져야 한다. 시험 시간표에 따라서 시간 배분이 달라지기도 한다. 보통 하루에 4과목을 시험 보는데 암기 과목만 다 있는 날과 암기 과목이 2개만 있는 날은 시간을 다르게 배분해야 한다. 시험을 치른 다음 날 하루에 암기 과목 4개를 공부한다면 외울 것이 너무 많아서 몇 개는 제대로 준비하지 못할 가능성이 크다. 이럴 때 암기 과목에 좀 더 시간을 할애

하여 미리미리 공부해야 한다. 그러나 암기 과목과 이해 위주의 과목이 적절히 배치되어 있다면 그렇게 하지 않아도 된다.

만일 시험 시간표가 하루에 한두 과목을 시험 보도록 짜여 있다면 좀 더 여유 있는 구성이 가능하다. 시험 하나를 끝내고 다음 날 시험을 준비하는 데 여유가 있기 때문이다. 하지만 방심은 금물이다. 내가 여유가 있다는 말은 남도 여유가 있다는 뜻이다. 시험 공부할 시간이 많으면 성적은 올라가기 마련이며 다른 친구들도 똑같이 올라간다는 것을 염두에 두고 공부해야 한다.

위의 방법은 시험 내적인 계획이었고 시험 외적인 계획도 살펴보기로 하자.

첫째는 수면 시간 조절이다. 수면 시간을 단번에 극도로 줄이는 것은 좋지 않다. 하지만 시험 기간 동안 매일 한 시간 정도 줄이는 것은 얼마든지 도전할 만하다.

둘째는 수능 공부 시간을 내신 공부 시간으로 바꾸는 것이다. 당연히 전반적인 공부 시간을 전부 다 내신 위주의 공부로 바꾸어야 한다. 아울러 짧게 사용했던 영단어 암기 시간, 영어 듣기 시간 등도 내신 공부 시간으로 바꿀지는 본인의 선택에 달렸다.

셋째는 평소 휴식 시간으로 배정되어 있는 시간들도 최대한 공부하는 시간으로 돌려야 한다는 것이다.

친구들과의
협력은 필수

　　　　　　　　　　주변의 친구들은 경쟁 상대이기도
하지만 동시에 협력할 수 있는 유일한 존재이다. 어떻게 바라보는가
는 본인 마음먹기에 달렸다. 나는 같은 반 친구들을 경쟁 상대로 보
지 않았다. 어차피 중요한 것은 일단 성적과 전교 등수인 만큼 친구
들은 협력자였다.

　혼자 공부를 하면, 잘못된 부분이 있어도 시험 문제에서 마주할
때까지 알 수 없다. 가령 수업 시간에 졸다가 수업 중에 선생님이 살
짝 귀띔해주신 중요한 문제를 본인은 모르고 지나칠 수 있다.

　시험 문제를 예상할 때 친구들과 의견 교환을 하면 사람마다 생각
이 다르므로 의외의 부분을 발견할 수도 있다.

　나는 내신을 준비하며 필기를 교환하고 중요 사항을 체크하는 방
법으로 친구들과 협력했다. 2학년 때부터 야간 자습 시간에 '정독실'
이라는 곳에서 따로 공부했는데, 그곳에는 문·이과 상위권 학생들
이 모여 자습을 하므로 정보 교환의 장으로 딱 좋았다. 다른 반이라
하더라도 친구 한두 명만 건너면 보통 다 알 수 있다. 시험 기간, 정

독실에서 몇 친구에게만 교재를 빌려 본인의 필기와 비교 · 확인하고 중요한 사항을 체크하면, 사실 학교 내 선생님 대부분의 수업을 들은 것과 마찬가지 효과를 낼 수 있었다.

문제 출제 감각을 익히는 데는 친구들의 도움이 절실하다. 시험 기간에 같이 밥을 먹으면서, 아니면 쉬는 시간에 서로 중요하다고 생각하는 부분을 이야기해볼 수 있다. 각자 중요하다고 생각하는 부분과 이유를 들어보면 공통적인 부분이 생겨나기 마련이다. 그것을 토대로 자신의 생각을 확인할 수도 있고, 수정할 수도 있다.

친구와 내가 함께 목표에 달성하는 것, 이것이 바로 윈윈 전략이다. 바로 이 전략을 위해 협력하라. 친구의 성적이 오르는 것을 걱정하지 말고, 자신의 성적을 올릴 수 있는 방법을 찾는 것이 현명한 방법이다.

2

철저한
수능 관리로
서울대에 입성하라

> 많은 학생들이 수능 대박을 꿈꾼다. 그런 운을 바라서는
> 안 된다. 실제로 대박이라고 불릴 만큼 평소보다 성적이
> 잘 나오는 경우는 거의 없다. 오히려 평소보다 성적이 훨
> 씬 안 좋은 경우만 많을 뿐이다.

'수능 대박'이란 것은
없다

　　　　　　　　　　　　　앞에서 내신의 중요성을 강조했지만 수능 역시 중요하다. 따져본다면 수능의 비중이 더 크다고 할 수 있다. '수능 대박'이라는 말이 유행하는 것은 어쨌든 수능만 잘 본다면 지금껏 쌓아왔던 내신 성적이나 평소의 모의고사 성적을 바탕으로 선별했던 대학보다 좋은 곳에 들어갈 수 있기 때문이다. 수능이 중요한 이유는 전국의 모든 수험생이 똑같이 치르는 가장 공정한 시험이고, 공신력이 높기 때문이다. 그래서 그 결과를 믿을 수 있을 뿐만 아니라 학생들 간의 비교도 가장 수월하기 때문에 대학에서는 수능 성적을 입학 요건의 가장 큰 요소로 간주한다.

　　정시에서는 말할 것도 없고 수시에서도 어느 정도 이상의 수능 성적을 요구한다. 수시 1차나 특별한 경우가 아니라면 아예 수능 성적을 무시하고 대학에 입학할 방법은 별로 없다. 특히 상위권의 대학일수록 더욱 그렇다. 수능 성적 없이 명문대에 입학하는 경우는 보통 수능보다 훨씬 어렵다고 간주되고 공신력이 뛰어난 올림피아드 등의 대회에서 입상했을 때 정도이다. 결국 수험생 대부분은 수능을 봐야만 하고 그 결과에 따라서 대학이 결정된다고 하겠다.

　많은 학생들이 수능 대박을 꿈꾼다. 이는 요행을 바라는 심리 때문이다. 내신은 대박이 없다. 모든 시험에서 운이 좋아 자신의 평소 실력보다 높은 성적이 나오길 기대하기는 힘들기 때문이다. 하지만 수능은 딱 한 번이다. 그래서 많은 학생들이 행운을 기대하곤 한다.

　하지만 그런 운을 바라서는 안 된다. 나는 수능 대박이라는 말을 상당히 싫어했다. 이는 실력보다는 운에 기대서 노력하지 않고 좋은 결과를 얻겠다는 말이기 때문이다. 그리고 실제로 대박이라고 불릴 만큼 평소보다 성적이 잘 나오는 경우는 거의 없다. 오히려 평소보다 성적이 훨씬 안 나오는 경우만 많을 뿐이다.

모의고사는 취약 과목
체크용이다

　　　　　　　　　　수능 공부는 어떻게 해야 할까? 우선 조급함을 버려라. 모의고사 시험 한 번에 일희일비할 필요 없다. 처음부터 좋은 성적을 받고 고등학교 3년 내내 유지해서 수능 때도 좋은 성적을 받는 것이 가장 좋겠지만, 이것은 특별한 경우일 뿐이다. 보통 생각할 수 있는 가장 좋은 시나리오는 중간 정도의 성적에서 출발해 그 성적이 끊임없이 향상되고 수능에서 정점을 찍는 것이다.

　수능 성적은 모의고사와 큰 관련이 있지만 1학년 때부터 모의고사 성적에 크게 신경 쓸 필요는 없다. 자신의 부족한 점을 정확하게 파악하는 것이 더 중요하다. 내신은 중간 중간 계속 평가를 하기 때문에 언제나 좋은 모습을 보여야 하지만, 수능은 조각을 잘 맞추어서 마지막에 한 번 최종적으로 제출하면 되는 과제와 같다. 즉 중간은 이상할지라도 결과에 대한 확신만 있다면 걱정하지 않아도 된다.

　나는 1학년 때, 서울대는커녕 서울에 있는 대학도 갈 성적이 아니었다. 진학 희망 학교는 전부 고향인 부산에 있는 대학교였지 서울은 꿈도 꾸지 않았다.

하지만 상황이 바뀐 것은 2학년 때였다. 마치 조각 맞추기와 같은 수능 성적의 비밀을 생각해보고는 가능성이 있다고 판단했다. 현재 모의고사에서 만점을 받지 못하더라도, 1등이 아니더라도 한 과목씩 올린다면 가능성이 있는 승부라고 판단했다. 모의고사 총점이라는 함정에서 빠져나와 한 과목 한 과목만을 본다면 가능성이 있었다.

의도한 바는 아니었지만 1학년 때 영어에 열등감을 느끼고 열심히 공부한 덕분에 영어 성적은 어느 정도 올라와 있었다. 그리고 2학년 때 수학을 마무리하면 될 것 같았다. 문과였으니 범위는 겨우 수학Ⅰ 정도와 공통 수학에서 일부 출제되는 부분만 공부하면 되었다. 그리고 겨울방학 때는 사회탐구를 조금씩 하고 언어는 3학년 때 도전하면 될 것 같았다.

이렇게 계획을 세우니 마음이 편했다. 모의고사 총점에는 크게 신경 쓰지 않았다. 오히려 목표한 과목이 어느 정도 성과를 달성했는가에 집중하니 공부에 더 효율이 있었다.

2학년을 거치면서 모의고사의 총점 자체는 크게 올리지 못했으나 내가 필요한 부분을 공부해서 성적이 오를 수 있는 발판을 마련했고 그 결과는 고스란히 3학년 때 반영되었다. 60~70점대이던 수학성적이 바로 100점으로 올랐으며 영어도 80점대에서 90점대로 올랐다. 영어는 더 올릴 수 있다는 확신이 있었고, 수학은 떨어지지 않을 것 같다는 확신이 있었다. 언어는 공부한 만큼 성적이 오를지 확신하기 힘든 과목이라 애매했지만 사회탐구 역시 성적이 올라갈 것이라는 확신이 들었다.

지금 내가 하고 싶은 말은 모의고사는 공부 방법과 시간 투자량이 개인마다 달라야 한다는 것이다. 남들과 총점을 비교하다 보면 결국 남들과 비슷한 것을 공부하게 된다. 하지만 거기서 필요한 부분을 찾아 공략하는 것이 핵심 포인트이다. 자신의 조각 완성 프로젝트를 세워라. 그리고 자신만의 계획을 가지고 완성해 가면 된다. 마지막에 완성된 조각 퍼즐 하나만 제출하면 되는 시험은 자신 있지 않은가?

수능은 보편 타당한
문제 위주다

　　　　　　　　수능에 어떤 문제가 출제될까? 수
능 시험을 잘 보기 위해서는 수능에 어떤 문제가 출제되는가를 알아
야 하는데 의외로 이를 중요시하는 학생은 별로 없다. 수능 문제 출
제 원칙을 본 적이 있는가? 다음은 대학수학능력시험 출제 원칙의
일부이다.

출제 원칙

언어와 외국어는 여러 교과가 관련된 범교과적 소재를 활용하거나 한
교과 내의 여러 단원이 관련된 소재를 활용한 문항이 나온다. 수리 ·
탐구영역과 제2외국어 및 한문영역은 개별 교과의 특성을 바탕으로
한 사고력 중심의 문항이 출제된다. 단순한 암기와 기억력에 의존하는
평가를 지양하고 문제 해결력과 추리, 분석 등 탐구 능력을 측정한다.
교과 내용의 중요도를 고려하되 점수 분포가 고르게 나올 수 있도록
쉬운 문항과 중간 정도의 문항, 어려운 문항을 균형 있게 출제한다.

대학수학능력시험 출제 원칙은 매년 크게 다른 것이 없다. 요지는 이해를 잘한 학생이 문제를 잘 풀도록 만들겠다는 것이다. 이는 수능 출제위원회에서 어느 정도 위험부담을 감수한 것이다. 왜냐하면 단순히 암기 위주의 시험 문제만 출제한다면 문제에 대한 이의 제기도 없고 출제하기도 쉽기 때문이다. 하지만 현재의 교육 정책은 암기 위주의 교육을 지양하며 사고력 위주의 교육을 지향하고 있기 때문에 그렇게 할 수는 없다.

살펴보면, 문제의 출제 원칙에서부터 이미 수능 시험은 정답에 대한 이의 제기 가능성을 내포하고 있다. 왜냐하면 사고력 중심의 문제란 기존의 것을 바탕으로 사고를 해, 답을 도출하게 되는데 여기에는 분명 다양한 사고 방법이 존재할 수 있기 때문이다. 수리영역이나 탐구영역, 제2외국어영역은 이러한 가능성이 적지만 언어와 외국어 과목은 다양한 해석이 존재할 가능성이 꽤나 크다.

그렇기 때문에 수능 문제를 낼 때는 비록 사고력을 요구하는 문제를 낼지라도 가능한 보편적인 범위 안에서 출제한다. 1%의 사람은 동의하지 못할지라도 99% 정도의 사람은 동의할 만한 문제를 낸다. 즉 보편적인 문제밖에 낼 수 없다는 말이다. 수능에서 원하는 답은 따로 있다고 하는데 알고보면 그 답은 아주 보편적인 답이다.

그렇다면 출제진은 누구이며 어떤 식으로 문제가 만들어질까? 출제진은 대학 교수와 고등학교 교사이다. 흠 잡을 것 없는 문제를 만들면서 가능하면 고등학생의 수준을 반영하겠다는 의지가 담겨 있다고 볼 수 있다. 그리고 출제진은 어딘가에서 외부와의 연락을 단절하고 한 달 이상 출제하고 검토하며 수정하는 과정을 계속 반복한다.

결국, 그렇게 탄생한 수능 문제 하나에는 수많은 교수와 고등학교 교사들의 감수와 동의가 있었다고 해도 무방하겠다.

학생이 문제를 풀기 위해서는 그들이 의도한 사고방식을 따라가야 한다. 문제가 출제되는 과정을 볼 때, 논란이 되는 문제이거나 이견이 많이 나올 수 있는 문제는 가능하면 등장하지 않을 것이라는 점을 짐작할 수 있다.

그리고 이렇게 문제를 내면서도 학생들이 배운 바를 알아봐야 하기 때문에 사고력을 사용하도록 꼬아서 낸다. 수능에서 배점이 정해지는 방식은 얼마나 쉽고 어려운 개념을 묻는지가 아니다. 하나의 개념을 물으면서도 얼마나 많은 사고력을 요구하는가에 따라 문제 배점이 달라진다. 수능에서 배점이 높고 어려운 문제라고 하는 것은 난해한 지식을 묻는 문제가 아니라 많은 사고 단계를 거쳐야만 답에 도달할 수 있는 문제이다.

수능 문제가 결코 대충 만들어지는 것이 아니고 엄격한 과정 속에서 탄생했다면, 당연히 지난 수능 문제들을 주목할 필요가 있다. 그리고 여기서 추가할 것이 하나 더 있는데 바로 수능을 보기 전에 평가원에서 주관하는 두 번의 모의고사이다. 이 두 번의 모의고사는 수능을 어떻게 출제할까를 고민하는 과정 중에 시행하는 일종의 실험이라고 할 수 있다. 평가원에서는 모의고사 두 번의 결과를 바탕으로 수능의 난이도를 올리기도 하고 내리기도 하며 출제 방향도 조절한다. 두 번의 모의고사는 시기적으로 지난 해 수능보다 가깝기 때문에 더욱 주목할 필요가 있다.

하지만 너무 일찍 수능 기출 문제를 풀어 보는 것은 권장하지 않는다. 지난 수능 문제가 그대로 출제되지는 않기 때문에, 기출 문제 풀이는 문제를 암기하는 것이 아니라 사고 방법을 연습한다는 데 의미가 있다. 자신의 실력이 어느 정도 완성되지 못한 상황에서 문제를 풀어보는 것은 좌절감만 안겨 줄 뿐 아니라 나중에 연습하는 데 방해가 되기도 한다. 즉, 이미 문제를 풀어보아서 답을 기억하고 있다면 나중에 그 문제를 처음 풀어보는 것처럼 연습하기 힘들어진다. 수능 기출 문제는 제한되어 있는데 소중한 자원을 미리 풀어봄으로써 낭비할 필요는 없다. 게다가 수능 문제라고 해도 기간이 많이 지난 것은 출제 가능성이 떨어지기 때문에 의미 있는 문제 수는 더욱 적다.

그렇다고 일부러 수능 기출 문제를 피할 필요는 없다. 그때그때 풀어보고 최선을 다하면 된다. 어떤 문제집이든 수능 기출은 항상 실어 놓기 마련이다. 그럴 때마다 수능 문제가 어떻게 다른지를 생각해 보는 것이 바람직한 방향일 것이다.

3학년이 되어서 자신의 공부가 어느 정도 단계에 이르러 본격적으로 문제 풀이를 할 필요가 있다고 생각되면 모의고사와 수능 기출 문제 풀이를 해봐야 한다. 양으로 승부하라는 말은 아니다. 공부한 것과 문제 풀이 실력은 얼마든지 괴리를 보일 수 있다. 수능에서 문제를 맞히지 못하면 자신의 실력을 알릴 방법은 없다. 알고 있었는데 틀렸다는 변명은 통하지 않는다. 모의고사와 수능 기출 문제를 통해 자신의 실력을 어떻게 점수로 드러낼 수 있을지를 연습해야 한다.

사례를 외우지 말고
개념을 익혀라

수능 문제는 단순 암기를 지양하고 이해의 심화를 도모하는 형태로 출제된다. 말은 쉬운데 실제에서는 어떻게 적용할 수 있을까?

사회 문화적 개념어로 '님비(NIMBY, Not In My Back Yard)'라는 말이 있다. '내 뒷마당에는 안 돼'라는 뜻으로 일종의 집단 이기주의를 의미한다. 쓰레기 소각장이나 장애인 시설 등의 설치를 반대하는 것 등이 문제 지문으로 나온다. 그러나 이런 형식으로만 문제와 사례 형태를 외우면 곤란하다. 이것은 단순 암기에 불과하다. '쓰레기 소각장 설치 반대 = 님비 현상' 이렇게 외워 놓으면 다른 사회 현상에 적용하기 힘들다. 실제로 문제에서는 교과서 예문보다 최근의 사회적 이슈나 실제 일어난 상황을 던져준다. 즉 개념을 바탕으로 현상을 읽어낼 것을 요구한다.

이를테면 이러한 신문 기사를 문제로 출제할 수 있을 것이다.

예전에 용인 주민들의 서울 출퇴근을 용이하게 만들기 위해 용인에서 성남까지 잇는 도로를 건설하는 데 성남 주민들이 심하게 반대했다. 용인의 사람들은 대부분 서울로 출퇴근을 하기 때문에 그 도로만 생긴다면 용인 사람들의 출퇴근 시간은 훨씬 빨라질 것이었지만, 성남 주민들은 그 차들의 유입으로 정체가 심해질 것이라 생각했다. 그래서 성남 주민들은 격하게 반대 시위를 벌였고, 공사는 겨우 7m만을 남겨 놓은 상황에서 일시 중단되었다.

생생학습법 ‖ 님비 현상에 대해 공부하면서 개념 위주가 아닌, 특정 사례와 문제 위주로만 공부했다면 위의 사례에서 님비 현상을 짚어내기는 쉽지 않다. 성남 주민들의 공사 반대가 집단 이기주의가 될 수 있다는 생각이 나와야 하며 그것이 님비 현상으로 연결되어야 해답을 구할 수 있다.

덧붙여 개념 학습이 잘되어 있다면 위의 사례에서 사회, 지리학적 용어들도 찾을 수 있다(문과에서도 특히 지리나 사회문화를 선택한 학생들은 얼마나 찾았는지 확인해 보길 바란다). 용인에 사는 대부분의 사람들이 서울로 출퇴근을 한다는 것으로 보아 용인은 서울의 베드 타운(bed town)일 가능성이 높다. 그리고 출퇴근 시간에 서울 근처에서 생기는 정체는 '병목현상'일 것이다. 인구의 이

동이라는 관점에서, 용인과 성남 모두 서울로 출퇴근을 한다면 낮 시간에 인구 공동화 현상이 생길 것이고 서울에는 낮 시간에 인구가 특히 더 많은 것이다. 그리고 넓은 관점에서 수도권 자체의 인구 과밀화 문제도 생각해볼 수 있다. ‖

　이렇게 사례를 통해 각종 용어를 학습하는 것도 필요하다. ‘님비’라는 현상을 단순히 집단 이기주의만으로 생각한다면 잘 와닿지 않는다. 그래서 소각장, 장애인 시설 등의 사례로 공부할 필요가 있지만 애써 외울 필요는 없다. 사례는 개념의 이해를 심화시키기 위한 것이지 그 자체로 개념이 될 수는 없다. 그리고 사례를 한두 가지 외운다고 해도 별 소용이 없다. 어차피 사례는 수도 없이 많기 때문에 자신이 외운 데서 문제가 나오지 않는다. 모든 사례를 다 볼 수 없는 이상 개념 정리를 확실히 해서 그것이 응용되어 문제에 나오더라도 정확하게 알 수 있도록 해야 한다.

공부의 완성도는
80%만 잡아라

사람이 하는 일은 어떤 일이든 완벽할 수 없다. 공부도 마찬가지다. 한 번 공부로 실력이 100% 완성이 되었다고 하면 거짓말일 것이다. 그래서 공부할 때는 여러 번에 걸쳐서 보는 전략이 필요하다. 아예 처음부터 100%의 완성도를 기대하지 않고 여러 번 볼 생각으로 중요한 부분 위주로 공부하는 것이 좋다. 나도 마찬가지로 한 번에 100%의 완성도를 기대하지 않았다. 80%의 완성도를 기대하되 다시 또 반복해서 나머지 부분의 80%를 채우고 또 반복하는 전략이었다.

100%가 아닌 80%의 완성도를 기대함으로써 얻을 수 있는 가장 큰 장점은 시간을 아낄 수 있다는 점이다. 100%를 다 보는 데 걸리는 시간은 80%를 완성하는 데 걸리는 시간의 1.25배(100/80=1.25)가 아니다. 그보다 훨씬 더 걸린다. 나머지 20%에는 지엽적인 부분과 중요하지 않은 부분, 쓸데없이 복잡한 부분 등이 다 들어가 있기 때문이다. 80%를 완성도로 잡고 공부하면 중요하다고 생각되는 부분만 신경 쓰게 된다.

그리고 어려운 부분에 대한 이해도도 높아지게 된다. 처음에는 이해가 잘 안 되지만 다른 부분들과 연관되어 있고 주변의 개념들을 알면 쉽게 이해할 수 있는 부분들은 다시 한 번 볼 때에야 비로소 제대로 이해할 수 있다.

가령 수학에서 지수만 본다면 이해하기가 쉽지 않다. 하지만 뒤의 지수함수, 그리고 나아가 로그까지 배우고 다시 지수 부분을 보면 훨씬 이해하기가 수월해진다. 국사도 마찬가지이다. 교과서의 앞부분은 시대사로 분류되어 각 시대별로 정치, 사회, 문화, 제도 등을 다루는데 제대로 알기 힘들다. 하지만 교과서의 뒷부분에서 분야사에 대한 공부를 하고 다시 앞부분으로 넘어오면 훨씬 이해하기 쉽다.

수능의 출제 범위는 교과서 전 범위이다. '전 범위'라는 말에 주목해야 한다. 그 말은 단원 개별이 아니라 단원 사이의 연관성도 함께 주목하라는 의미다. 따라서 전 범위에 걸친 광범위한 학습이 필요함과 동시에 단원별 연계성도 함께 찾아내야 한다.

연계성을 찾기 위해서 복습할 때는 우선 목차를 다시 펼쳐보라. 교과서 단원의 목차는 연관된 순으로 나열되어 있다. 공부를 하기 전이라면 목차를 보아도 무슨 말인지 모르겠지만, 이미 공부를 한 번 끝냈다면 목차를 보면서 큰 그림을 그릴 수 있다. 어떤 부분을 중점적으로 공부해야 할지도 생각해 보고, 단원 A와 단원 B가 연계되어 있다면 공부 계획을 짤 때 함께 공부하는 것도 고려해볼 수 있다.

전 범위를 여러 번 보는 것이 중요하다. 이 말은 결국 공부에 끝이 없다는 말로 귀결된다. 꾸준히 반복하다 보면 본인이 알지 못했던 부분이 계속 눈에 들어온다. 그리고 배웠던 것들의 연관성도 더욱 눈에 잘 보인다. 한 번에 끝낼 수 있는 공부는 없다는 것을 염두에 두고 끊임없이 꾸준하게 반복할 각오로 수능 공부에 임해야 한다.

오답노트가
수능을 좌우한다

수능의 출제 범위에는 제한이 없다. 사실 학년이 올라갈수록 무한대로 커진다고 보면 된다. 여기서 학생들은 학년이 올라갈수록 공부할 양이 많아지기 때문에 모르는 부분을 찾는 것 자체도 어려워한다. 과목 자체의 수도 많아질 뿐만 아니라 한 과목 한 과목의 시험 범위가 모두 전 범위 형식이기 때문이다.

이때 큰 힘을 발휘하는 것이 바로 오답노트이다. 사람마다 공부해야 할 것이 달라진다고 했는데 오답노트는 자신이 무엇을 공부해야 할 것인가를 명확히 알려준다. 그래서 오답노트는 본인에게 맞춰 자세히 만들수록 좋다. 틀린 문제를 전부 오답노트에 옮겨 적으라는 말이 아니다. 다만 자신이 옮겨 적을 필요가 있다고 생각한 문제에 대해서 자세히 작성하라는 말이다. 어떤 문제를 틀렸다면 이때 자신은 어떤 방식으로 생각을 했는지, 그런데 실제 답은 무엇이었는지 내용을 기입하는 것이 좋다. 그리고 만일 사소한 실수로 틀린 문제가 있다면 어떤 실수인지 적어놓아야 한다. 그래야 다음에 경각심을 가지고 비슷한 문제를 풀 때 조심할 수 있기 때문이다. 개인적인 의견으로는 실수로 틀리는 문제 전부를 오답노트에 옮겨 적을 필요는 없다. 비슷한 실수가 여러 번 나타난다면 대표적인 한 문제 정도만 옮겨 적고 나머지는 간단히 메모해도 된다. 그런 문제보다는 자신의 접근 방법이 전혀 잘못된, 엉뚱한 사고로 풀어버린 문제를 옮겨 적는 편이 좋다.

또한 자신이 푸는 각종 문제집에 나오는 문제를 다 옮겨 적을 필요도 없다(다만 반드시 본인 스스로 만들어야 그 효과가 극대화된다). 오답노트를 만드는 데도 시간이 걸린다. 결국 자신의 공부 시간을 사용하면서 만들어야 하는데 많은 문제를 오답노트에 옮겨 적으면 시간도 많이 소요될 뿐 아니라 소수 문제에 집중하고자 했던 의도도 해치게 된다.

구체적으로 오답노트를 어떻게 만드는지 모의고사를 대비하는 예로 살펴보자.

1 과목별로 노트를 한 권씩 준비한다. 학년이나 시기별로 노트를 만드는 방법도 있겠지만 결국 공부는 과목별로 흐름을 따라서 하기 때문에 과목별 정리가 좋다.

2 오답노트를 실제로 작성하기에 가장 좋은 날은 시험을 치른 당일이다. 자신이 어떤 생각으로 모의고사 문제를 풀었는지 기억이 생생할 뿐만 아니라 시간적으로도 그때밖에 여유가 없기 때문이다. 시험이 끝난 후에 만들려고 하면 기억도 잘 나지 않고, 다른 공부할 시

간을 할애해야만 한다.

3 시험을 보고 집으로 돌아오면 점수를 과목별로 지난 시험과 비교한다. 물론 모의고사 성적은 상대적인 것이기는 하지만 당장 눈에 보이는 것이 절대치 아니겠는가? 그런 후에 과목별로 틀린 문제의 오답과 정답을 비교한다. 그리고 실수로 틀린 문제와 사고 과정이 전혀 달라서 틀린 문제, 손조차 대지 못했던 문제 등으로 구분한다. 이렇게 구분하는 데는 시간이 별로 걸리지 않는다. 불과 몇 시간 전에 극도로 집중해서 풀었던 문제들이기 때문에 사고 과정이 머릿속에 그대로 남아 있다. 즉 문제를 다시 푸는 것이 아니라 오답을 정답과 비교만 하는 것이라 금방 할 수 있다.

4 이 과정이 다 끝나고 오답노트에 넣을 문제들이 추려지면 바로 오답노트 작성에 들어간다. 나는 모의고사 오답노트는 모의고사를 본 날에 다 만든다는 심정으로 임했다. 다른 문제집, 시험도 마찬가지이다. 오답노트는 한꺼번에 몰아서 만드는 것이 아니라 오답노트에 들어갈 사항이 생기면 그날 바로 만든다. 그렇기 때문에 문제를 많이 넣을 수는 없다. 필히 중요하다고 생각하는 부분과 자신이 가장 큰 실수를 한 부분을 위주로 몇 문제만 넣는다. 아무리 많이 틀린 과목도 오답노트에 넣는 문제 수는 한 번의 시험, 하나의 과목에서 10문제를 초과하지 않는다. 자신 있는 과목이라면 5~7문제 정도 틀렸다고 하더라도 2문제 정도만 넣으면 충분하다.

문제와 해답을 오려서 오답노트에 붙이는데 반드시 자신이 왜 그 문제를 틀렸는가를 함께 적어야 한다. "나는 'ㄱ'이라는 사고 과정을 거쳐서 A라는 답을 도출했는데, 실제로 'ㄴ'이라는 사고 과정을 거쳐 B가 나오는 것이 정답이었다"라는 식으로 말이다.

오답노트에 들어가기에 적합한 문제는 1학년 2학기와 그 이후에 치르는 모의고사이다. 이 모의고사 문제도 다 넣을 필요는 없다. 탐구영역은 2학년 2학기 정도부터 넣어도 충분하다. 그리고 학년이 낮아서, 아직 덜 배워서 틀린 문제들도 많기 때문에 저학년일 때 틀린 문제를 다 넣는 것은 효율이 떨어진다.

잘 만들어진 오답노트는 수능이 얼마 남지 않은 시점에 진정한 효과를 발휘한다. 수능이 얼마 남지 않은 시점에서는 한 과목도 소홀히 할 수 없기 때문에 모든 과목을 다 신경 써야 하는데 따로 정리해 놓은 자료가 없다면 결코 쉬운 일이 아니다. 하지만 제대로 완성된 오답노트가 있다면 가능하다. 특히 마지막에 공부 효율을 올리기 위해서는 틀린 부분을 집중적으로 공부해야 하는데 오답노트는 큰 도움이 된다. 나도 수능이 3주 가량 남은 시점부터 오답노트를 위주로 공부했다. 그 전에는 공부하다 틈을 내어 오답노트를 조금씩 보았지만, 그때부터는 오답노트 위주로 공부하다가 부족한 부분이 있거나 추가로 공부해야 할 부분이 있으면 교과서나 문제집을 찾아보는 식이었다.

오답노트에 문제를 지나치게 많이 넣지 말라고 한 이유는 그때가 되어보면 알게 된다. 나도 오답노트에 문제를 그렇게 많이 넣지 않았다고 생각했는데 막상 다 훑어보니 분량이 많았다. 2학년 때부터 본 모의고사가 몇 번인가? 그리고 모의고사가 아니더라도 자신이 정말 중요하다고 생각하는 문제도 오답노트에 넣으면 그 문제 수는 많아진다. 나중에는 오답노트를 보는 것조차도 버거운 일이 된다.

또한 오답노트를 지나치게 화려하게 꾸미는 일 따위는 하지 않는 것이 좋다. 오답노트는 자신만의 노트라는 점을 생각해야 한다. 오답노트의 순수한 목적은 짧은 시간 동안 필요한 공부를 효율적으로 하기 위해서이다. 이 점을 생각해 본다면 어떤 방법으로 오답노트를 만들어야 하는가도 자연스럽게 나온다.

수능을 볼 때 자신만의 비밀병기가 하나쯤은 있어야 된다고 생각하지 않는가? 지금 즉시 오답노트를 자신의 비밀병기로 만들어보라!

선생님은
나보다 똑똑하다

　　　　　　　　　　　　모르는 문제가 나오면 질문하라.
수능 문제는 암기해서 외우는 것이 아니다. 잘못된 사고 흐름을 가지
고 문제를 풀기 시작하면 다음에도 또 그렇게 할 가능성이 높다. 특
히 해설을 봐도 잘 이해가 안 된다면 문제를 외우다시피 하고 넘어가
기 쉽다. 하지만 이는 결코 좋은 방법이 아니다. 오답노트를 통해 그
틀린 문제를 다시 보았을 때는 이미 외워놓은 사고 흐름과 답이 있기
때문에 쉽게 문제를 풀 수 있다. 하지만 그것과 조금 다른 문제가 나
왔을 경우에는 또 틀리게 된다.

　해설을 봐도 이해가 잘 안 되고, 왜 틀렸는지 도저히 모르겠다면
선생님께 질문하라. 그 선생님은 해당 과목의 전문가이다. 특히 연세
가 많고 경험이 풍부한 선생님이라면 수십 년 동안 같은 교과과정을
가르치셨고, 그 교과목에 대한 문제는 수도 없이 풀어보셨을 것이다.
가까이에 전문가가 있는데 굳이 멀리 가서 찾을 필요가 없다. 선생님
께 질문하기 곤란한 상황이라면 주변의 공부 잘하는 친구들에게 물
어보는 것도 나쁘지 않은 방법이다. 하지만 역시 애매한 문제는 선생

님께 질문하는 것이 정확하다. 친구들을 통해서는 답만 듣게 될 가능성이 크기 때문이다. 답만 아는 것은 큰 도움이 안 된다. 수능에서 중요한 것은 답이 아니라 답을 도출하는 과정이다.

선생님께 질문할 때 핵심은 바로 사고 과정이며 그 과정을 파악하는 것이 중요하다. '왜?'에 집중하면서 질문해보라. 문제의 뒤에 숨어 있는 다른 배경까지 설명해주실 것이다.

문제를 제대로 읽어서
실수를 줄여라

많은 학생들이 아는 문제도 자주 틀린다. 아는 문제를 틀리는 가장 큰 이유는 문제를 제대로 읽지 않아서이다. 문제에서 요구하는 바에 따라 당연히 답이 달라진다. 옳은 것을 고르라고 할 수도, 그른 것을 고르라고 할 수도 있다. 100% 정확한 것을 요구하는 경우가 있는가 하면, 가장 적합한 것을 고르라는 문제도 있다. 특히 지문을 제외한 문제 자체는 그리 길지 않기 때문에 조사 하나 하나에 따라 의미가 꽤 달라진다.

언어영역에서 학생들이 이러한 실수를 많이 한다. 학생들이 문제를 잘못 읽어서 틀리는 패턴은 보통 이러하다. 우선 문제를 읽는다. 문제에서는 가장 적합한 것을 고르라고 나왔다. 문제와 정답지 사이에 다시 보기 지문이 있고, 그것을 한참 읽는다. 그리고 답을 고르는데 문제를 대충 읽었기 때문에 문제에서 요구하는 바는 그냥 맞는 것을 찾는 것이었다고 착각한다. 그리고 보기 2번을 봤더니 맞는 것이기에 그것으로 답을 고르고 넘어간다. 답이 나왔으니 시간을 아끼기 위해서 아래의 다른 보기는 보지 않는다. 그런데 알고 보니 2번이 맞는 것이기는 하지만 3번이 가장 적합한 정답이었다.

여기서 잘못된 점은 문제와 정답 사이의 긴 지문을 읽으면서 문제를 잊어버리거나 혼자서 왜곡한다는 것이다. 문제 자체의 길이는 짧다. 그리고 학생들은 답에 집중하면서 문제를 대충 본다. 눈이 가는 부분은 기껏해야 밑줄이 쳐진 '적합한 것을 고르시오' 정도이다.

착각을 일으키지 않으려면 다음과 같이 하는 것이 좋다. 우선 문제를 읽고, 아래의 보기 지문으로 넘어간다. 그리고 보기 지문을 다 읽고 다시 문제를 본다. 시간을 아끼려고 조급해 하지 마라. 문제는 정확하게 푸는 것이 우선이다. 다시 한 번 문제를 보고 답을 고르기 시작한다. 최종적으로 답이 도출되면 문제와 한 번 비교해보면서 적합한 답인지 확인한다. 이 방법은 위에서 아래로 한 번 내려오면 끝인 일반적인 방법에 비해 눈이 몇 번 다시 위로 올라가게 된다. 하지만 시간이 오래 걸리지는 않는다. 기껏 한 줄 또는 두 줄 정도의 문제를 다시 읽으라는 것이다. 이렇게 할 때 투자하는 시간은 5초도 걸리지 않는 반면, 오답률은 확실히 낮아진다.

생생학습법 || 문제를 잘못 읽어서 틀리기 쉬운 문제를 예로 들어보자. 다음은 2010년도 외국어영역 수능문제이다.

36. 다음 글에서 smallmouth bass에 관한 내용과 일치하는 것은?

Like its largemouth cousin, the smallmouth bass is a native of the Mississippi drainage, which makes it a true heartland fish. Whereas the largemouth likes slow or still water with lots of food-holding weeds, the smallmouth prefers clean, rocky bottoms and swifter water, ideally in the range of 65° to 68°F. In waters warmer than 73°F, you can forget about finding one. In lakes, smallmouth often school up, which means that if you catch one, you can catch a bunch. In rivers and streams, they are more solitary. The smallmouth has a series of dark vertical bands along its sides. The dorsal fin is one continuous fin(as opposed to the separated dorsal fin of the largemouth).

*dorsal fin: 등지느러미

① Mississippi강으로 유입된 외래종이다.
② 물의 흐림이 느린 곳을 좋아한다.
③ 73°F 이상의 물에서 쉽게 찾아볼 수 있다.
④ 호수보다는 강에서 떼를 지어 다닌다.
⑤ 몸통의 옆면에는 거무스름한 띠들이 있다.

이 문제는 단순한 내용상의 일치를 묻는 것이 아니다. smallmouth bass에 관한 일치 여부를 묻고 있다. 지문에는 largemouth에 관한 내용도 섞여 있다. 그리고 그에 해당하는 사항이 보기에 등장하고 또한 지문과 일치한다. 하지만 답이 될 수는 없다. 지문에서는 smallmouth bass에 관한 사항 중 맞는 것을 묻고 있기 때문이다.

정답을 맞추기 위해서는 지문에서 묻는 바가 무엇인지를 정확히 파악하고 smallmouth bass에 동그라미를 한 뒤 지문에 나오는 내용 중 그에 해당하는 사항만 확인해야 한다. 정답은 5번. ||

이런 방법으로 오답률을 낮출 수 있지만 정답률이 올라가는 것은 아니다. 왜냐하면 실력이 모자라서 틀릴 문제라면 어차피 틀리게 되어 있다(운이 좋으면 맞을 수도 있다는 등의 말로 헛된 희망을 주고 싶지는 않다). 하지만 이런 방법을 쓰면 맞출 수 있는 문제를 틀릴 가능성이 확 줄어든다. 실수도 실력이다. 그렇다면 실수를 줄이는 것 역시 실력을 올리는 것이라고 말할 수 있다. 모르는 문제를 하나 더 풀어서 맞추기는 어렵다. 그만큼 실력의 향상이 있어야 하고 문제에 대한 연습이 있어야 한다. 그에 비해 실수를 줄여서 점수를 올리기는 훨씬 쉽다. 문제를 제대로 읽는 연습을 하자. 그리고 실수를 줄이도록 노력해보자.

## PART 3

학년별로
해야 할 일이
다르다

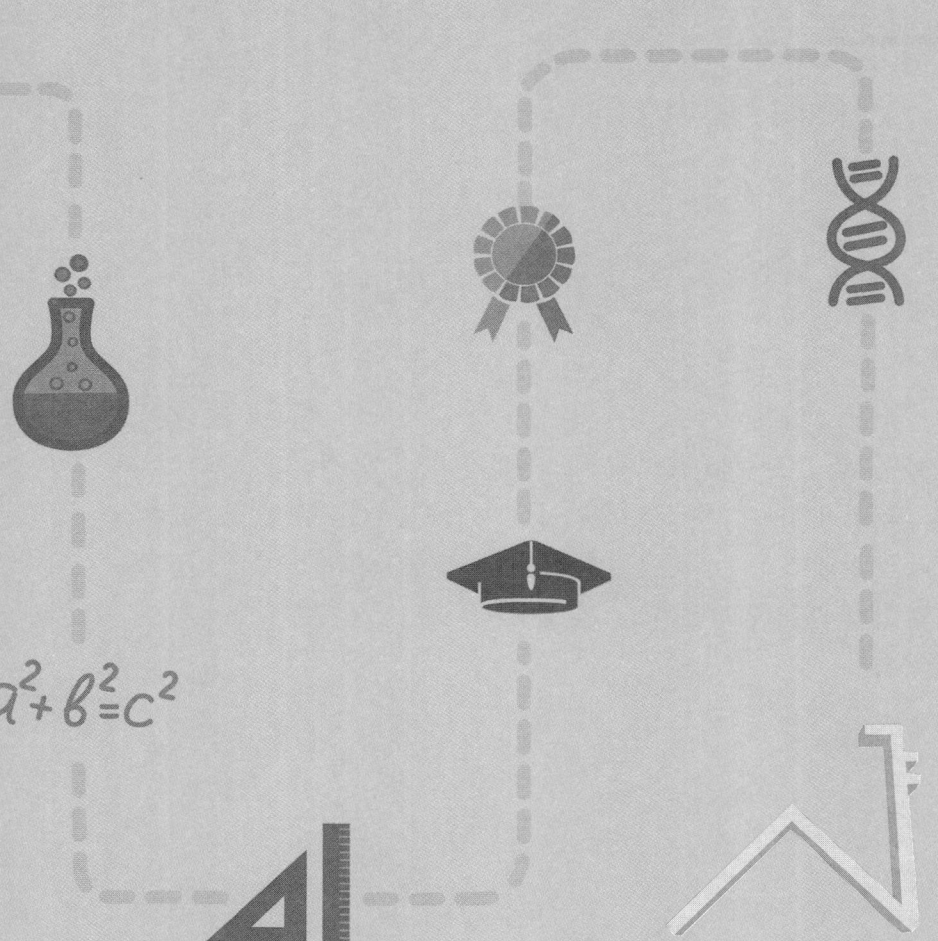

$$a^2 + b^2 = c^2$$

| 3년이면 성적을 올리기에 충분하다
| 1학년, 먼 길을 가기 위한 철저한 준비
| 2학년, 계열이 나누어지고 성적 윤곽이 드러나는 시기
| 3학년, 바로 지금, 순간에 집중하라!

1

3년이면
성적을 올리기에
충분하다

> 처음부터 인생 계획을 세우라고 한다면 난감할 것이다.
> 그러나 학생에게 공부는 1순위이다. 공부에 관한 계획을
> 다른 것보다 우선순위에 두어야 한다. 그렇기에 자신이
> 할 일을 계획하고 달성하기가 인생의 다른 시기보다 훨
> 씬 쉽다.

중학교와는 다른 고등학교

무한경쟁에 돌입한 고등학생들은 우선 학교에 빠르게 적응해서 공부할 환경을 갖추어 나가는 것이 좋다. 고등학교는 여러 가지 면에서 중학교와 다르다. 하나씩 나열해보자. 학교 위치, 선생님, 친구들, 교과서에서 배우는 내용이 다르다. 또 수업 시간은 45분이 아니라 50분이 되고, 고등학교 공부는 대학입시와 직결된다. 너무 당연하다고 생각하는가? 당연하다고 생각된다면 이런 것들을 얼마나 잘 세부적으로 파악하고 적응했는지 묻고 싶다. 바뀐 환경에 적응하는 것은 개인의 성격차에 있다. 하지만 고등학교를 파악하고 뒤에 이어질 '3년 전체 계획을 세워라' 부분에서는 성격차라기보다는 노력과 능력의 차이에 따른 공부 방법이 나온다. 파악을 했으면 대응책을 마련하는 것이 중요하다.

또한 내신과 수능에 대해서도 파악해야 한다. 어차피 대학입시란 계속 바뀌기 때문에 미리 내신과 수능의 반영 비율 등을 시시콜콜하게 따지며 알아볼 필요는 없다. 다만 내신은 어떻게 산출되고 수능은 어떤 방식으로 보게 되는지는 알아두어야 한다.

3년 전체 계획을
세워라

　　　　　　　　　　고등학교에 입학해서 가장 먼저 할
일이 공부는 아니다. 일단 주변의 환경을 파악하는 것이다. 고등학교
생활이 짧다면 짧지만 하루하루의 시간들과 한 인간이 변화할 수 있
는 가능성을 놓고 본다면 결코 짧은 시간은 아니다. 먼저 큰 그림을
그려라. 뛰어가는 것은 그 다음이다.

　처음부터 인생 계획을 세우라고 한다면 난감할 것이다. 하지만 고
등학교는 계획을 세우기 쉽게 되어 있다. 방학이 정해져 있기 때문에
앞으로의 시간에 대한 예측이 용이하다. 학생에게 공부는 1순위이
다. 공부에 관한 계획을 다른 것들보다 우선순위에 두어야 한다. 그
렇기에 자신이 할 일을 계획하고 달성하기가 인생의 다른 시기보다
쉽다. 먼저 간단하게 고등학교 시기를 구분해 보자.

> • 1기 : 1학년 입학 ~ 1학년 겨울방학 직전
>
> • 2기 : 1학년 겨울방학 ~ 2학년 겨울방학 직전
>
> • 3기 : 2학년 겨울방학 ~ 수능 시험

여기서 시기 구별은 각 학년별 단계와는 조금 차이가 난다. 그 이유는 수능시험은 고등학교 겨울방학이 오기 한 달 전인, 11월에 보기 때문이다. 그래서 기수를 나누는 기준은 수능이다. 보통 학년별로 공부해야 할 것이 다르다고 하지만 그 학년을 다르게 보아야 한다.

대개 3학년 때 전 과목을 다 봐야 하는데 3학년을 3월 개학부터라고 생각하면 수능까지 남은 시간이 너무 짧다. 그래서 중요한 수능을 기준으로 한 학년을 일 년 단위로 자르기 위해 약간은 특이하게 시기를 구분하였다. 이렇게 시기를 나누면 아직 실제로 2학년이나 3학년이 되지 않았더라도 실제 그 학년이 되었다는 마음가짐으로 공부해서 남보다 한 발 앞설 수 있다는 장점이 있다. 겨울방학이 다가오면 학년이 바뀌었다고 생각하라. 마음가짐이 바뀌면 공부의 성패도 바뀐다.

다음으로는 각 시기별 학업 성취 목표를 알아보자. 여기서 고려해야 할 대상은 최종적으로 봐야 하는 수능과, 잊을 만하면 주기적으로 찾아와서 다시 기억나게 만들어주는 고마운(?) 내신 시험이다.

1기 | 1학년 입학 ～ 1학년 겨울방학 직전

1기 때의 달성 과업은 고등학교 적응이다. 여기서 '적응'은 대단히 많은 것을 포괄한다.

첫째, 일단 새로운 생활 패턴에 대한 적응이다. 생활 패턴이라고 하는 것은 쉽게 변하지 않는다. 게다가 고등학생은 학기와 방학이라는 기간만 존재하기 때문에 두 기간의 생활 패턴을 정해 놓으면 고등학교 졸업할 때까지 계속 유지된다. 그래서 대단히 중요한데, 무작정 남들이 좋다고 하는 생활 패턴을 따라하려고 노력하기보다는 자신에게 알맞은 패턴을 찾고 그것을 안정화시키는 것이 좋다. 이를테면, 남들이 새벽에 일어나서 공부한다고 본인도 반드시 그렇게 할 필요는 없다. 새벽에 일어나서 공부하고 학교에 가서 졸면 오히려 손해다. 스스로를 파악하고 자신에게 맞는 생활 패턴을 찾아내라. 단, 무조건 한 패턴을 고정시키라는 의미는 아니다. 바꿔야 할 필요가 있다면 얼마든지 바꿀 수 있으며 조금씩이나마 좋은 생활 패턴으로 변화하려는 노력이 중요하다.

둘째, 공부 방법에 관한 적응이다. 고등학교에 오면 공부해야 할 양도 많아지고 수준도 높아진다. 중학교 때와 많은 차이가 나기 때문에 적응하기가 쉽지 않다. 하루의 공부 시간을 늘리고 어떻게 효율적으로 공부하면 좋을지 공부 방법에 대한 체계가 있어야 한다. 기존의 공부 방법이 효율적인지 검토해보는 작업도 필요하며 조금씩 개선해나가는 노력도 있어야 한다.

셋째, 교과목과 시험에 대한 적응이다. 공부하는 방법과는 별도로 어떤 과목들이 있는가를 파악해야 하며 시험에 대해서도 적응해야 한다. 계열을 선택했다면 차후 어떤 것들을 공부해야 할지 살펴보는 것이 필요하다.

나는 1기 때 내신에 주력하려고 했다. 물론 모의고사를 소홀히 하라는 말이 아니다. 둘의 비중을 놓고 볼 때 상대적으로 내신에 더 많은 노력을 쏟아부으라는 말이다. 결과론적 관점에서 모의고사는 수능을 보기 위한 과정이고 연습이다. 결국 최종 수능만 잘 보면 된다.

내신은 누적되는 기록이다. 당장 잘 받아놓을 필요가 있다. 1기에 적응해야 될 부분은 많은데 모든 부분에 최대한 노력을 쏟아부을 수는 없다. 내신 시험은 앞으로도 계속 있을 것이고 또 직접적으로 성적이 기록된다는 점을 감안해 내신에 주력할 필요가 있다. 실제로 내신에 주력해서 공부 방법이나 출제 유형 등을 파악하고 나면 차후 내신을 대비하기가 훨씬 쉬워지며 덕분에 모의고사 공부에 보다 많은 노력을 기울일 수 있다.

방학 때는 방학 기간을 어떻게 보낼 것인가에 대한 적응도 필요하다. 방학은 어떤 시간인가 한번 살펴보자. 놓을 방(放), 배울 학(學). '학문을 놓고 쉰다'는 의미를 가지긴 하지만 우리나라의 현실에서는 그 의미가 무색하다는 것은 누구나 다 알고 있다. 학교 보충 수업이 있든 없든 스스로 공부할 수 있는 시간은 학기 중에 비해 비약적으로 증가한다. 그리고 고맙게도 내신 시험의 압박이 사라진다.

또 하나 방학의 단점은 날씨 때문에 컨디션이 흐트러지기 쉽고, 객관적으로 평가하는 시험이 없기 때문에 나태해진다는 점이다. 이런 방학의 특성을 놓고 본다면, 방학은 성적의 격차가 벌어지고 역전이 일어나는 기간이다. 자유롭게 쓸 수 있는 시간이 많기 때문에 스스로 공부하는 사람과 안 하는 사람 사이에 격차가 많이 생긴다. 또한 내신 시험의 압박에서 벗어나 본인에게 취약한 과목을 공부하고, 컨디션을 조절하는 학생과 그렇지 않는 학생의 격차도 벌어진다. 최종적으로 방학 때 공부한 성과는 몇 달 뒤에 중간고사나 모의고사를 통해 천양지차로 나타난다. 방학은 1년에 2번, 한 번에 한 달 반씩, 석 달이나 된다. 단순히 석 달이라는 수치도 긴 시간이지만 위의 특성들을 생각해봤을 때 더욱 의미 있는 시간이다. 방학을 어떻게 보낼 것인가에 대한 적응은 고등학교 성적의 성패를 좌우하는 중요한 요소이다.

2기 1학년 겨울방학 ~ 2학년 겨울방학 직전

2기는 기본기를 닦는 시기이다. 실전의 시기는 3기다. 2기 때는 반드시 기본기, 특히 언·수·외(언어영역, 수리영역, 외국어영역)를 철저하게 학습해야 한다. 2기가 되면 공부할 것들이 명확해지기 시작한다. 먼저 큰 틀을 잡고 세부 계획을 짜서 나아갈 방향을 잡아야 한다. 2기에 들어서 가장 큰 틀은 인문 계열이냐 자연 계열이냐를 선택하는 것이다. 차후 지원할 학과는 둘째 치더라도 당장 인문, 자연계의 선택을 해야 한다. 우선 계열을 선택하고 나면 공부할 것들이 어느 정도 명확해지기 시작한다. 나는 인문 계열을 선택했었기에 경험이 있는 인문 계열을 위주로 분류해보았다. 1학년 때는 '국민 공통 기본 교육과정'이라고 하여 이것저것 다 배운다. 냉정하게 말하자면

1학년 때 배운 것 중 입시를 위해서는 필요 없는 과목도 있다. 하지만 2학년부터는 다르다. 이제 공부하는 것들은 대부분 수능과 직접 연결되며 하나하나가 절실하다. 영역을 위주로 범주화해보면 크게 언어, 수리, 외국어, 사회탐구 · 과학탐구, 이렇게 된다. 얼핏 보기에는 당연한 것들을 나열하는 것 같지만 사실 차이는 여기서 나오기 시작한다. 이렇게 어떤 것들을 해야 하는지 크게 파악하고 또 다시 세분화해서 구체적으로 해야 할 일을 찾는 학생과 그때그때 닥치는 대로 공부하는 학생은 차이가 나기 마련이다. 과목별로 나누었으면 과목별로 어떤 것들을 해야 하는지 살펴보자.

언어와 외국어는 범위가 모호한 감이 있기 때문에 일단 구체적인 과목부터 알아보자.

수학은 범위가 정해져 있다. 문제 유형이야 얼마든지 다양하게 바뀔 수 있지만 근본이 되는 식과 원리는 바뀌지 않는다. 그리고 단원도 정해져 있어서 공부하는 목표를 세우기 딱 좋다. 여기부터는 개인적인 경험담이 추가된다. 나는 여기저기 알아보고 수학 선생님께 여쭈어본 결과 『정석』이 가장 나을 것 같다고 판단했다. 그래서 2기, 즉 1학년 겨울방학부터 2학년 겨울방학이 되기 전까지 수학은 『정석』만을 보기로 했다.

사회탐구영역은 문과의 11개 사회탐구 과목 중에서 일반적으로 3개를 선택해야 한다. 학교에서 선택한 과목들은 국사, 근현대사, 사회·문화, 한국지리였는데 내가 수능을 치를 때는 4개를 골라야 했기에 그것을 그대로 수능에서 보기로 했다. 따로 공부하기에는 힘도 들고 학교에서 배우는 과목은 내신에서 출제하기 때문에 학교와 다른 방향을 선택하는 것은 여러 가지에서 불리했다. 1년에 내신 시험을 4번이나 보고, 모의고사 때도 언·수·외만 푸는 것이 아니라 사회탐구영역도 풀기 때문에 어느 정도 감은 잡을 수 있을 거라고 판단했다. 특히 2기 때 목표를 언·수·외 기본기 다지기로 잡았기에 사회탐구에 투자할 시간도 그리 많지 않았다.

영어는 차후 공부 방법에서 말하겠지만 크게 4가지로 분류해서 학습할 수 있다. 듣기, 읽기, 쓰기, 말하기. 이 중에서 수능 때 필요한 것은 사실상 듣기와 읽기가 전부다. 쓰기와 말하기도 잘하면 좋겠지만 현실적으로 그것은 좀 무리이므로 일단 읽기와 듣기만을 하기로 했다.

기본기를 닦는 것이 목표였기 때문에 문제를 많이 풀기보다는 한 문제를 반복해서 학습했다. 가령 듣기를 40분 동안 학습한다고 하면 문제 6개 정도를 가지고 한 번 듣고 풀고, 대본을 읽고도 안 들리는 부분은 다시 들어보고 때로는 써보기도 했다. 독해도 마찬가지였다. 빠르게 많이 풀려고 하기보다는 정확하게 푸는 데 치중했다. 언어도 마찬가지였다. 글을 구성하는 원리를 파악하려고 했으며 하나를 읽을 때도 정확하게 읽는 데 치중했다.

2기 때가 되면 내신 부담이 좀 줄어든다. 그 이유는 일단 1학년을 거치면서 내신 시험을 치르는 데 어느 정도 익숙해지고 내신 공부 내용이 수능 공부와 중복되기 때문이다. 공부를 하면 그것이 수능에도 해당되고 내신에도 해당되는 경우가 많아져서 훨씬 효율적이다. 그래서 내신을 열심히 하는 것은 수능에도 직결된다. 특히 기본 과목에 충실하다 보면 탐구영역을 게을리 하기 쉬운데, 내신 준비를 하면서 억지로라도 공부를 하게 되어 나중에 큰 도움이 된다.

2기를 다시 정리해서 요약하면, 우선 기본기를 다진 후 언·수·외 위주로 그것도 자신의 약점을 스스로 파악해서 차분히 극복해나가야 한다. 그리고 내신도 함께 열심히 하면 시너지 효과를 얻을 수 있다.

3기 2학년 겨울방학 ~ 수능

3기의 시작 역시 또 겨울방학이다. 이 시기가 되면 이미 수능은 1년도 남지 않았다. 3기는 다시 기간을 한 번 더 나눌 필요가 있다. 여름방학이 시작되기 전까지 다시 한 번 최후의 기본기를 다지는 시기와 그 이후 본격적으로 수능 실전에 익숙해지는 시기로 나눈다. 우선 2학년 겨울방학 때가 되면 탐구영역도 공부할 시간이 생긴다. 언·수·외의 기본기를 다졌다면 어느 정도 자신감도 붙었을 것이고, 탐구영역은 학교 내신 때문에라도 한 번 정도는 끝까지 다 보았을 것이기 때문이다. 겨울방학 목표는 기존 방식에서 어느 정도 문제집을 추가하고 사회탐구영역을 한 번이라도 보는 것이다. 수능까지의 시간은 얼마 남지 않았지만 사실 나는 이 시기에 가장 정신적으로 안정되어 있었다. 공부 방법도 어느 정도 익숙해진 상태이고 아직은 기회가 있다는 생각이 들었기 때문이다.

겨울방학이 끝나고 3학년 학기가 개학하면 본격적으로 바빠지기 시작한다. 3학년 때의 학교 수업은 빡빡하게 돌아가고 한 과목 한 과목 다 신경 써야 한다. 하나라도 소홀히 했다가는 바로 결과로 이어진다. 틈틈이 개념 정리도 해야 하며 문제집도 풀어야 한다. 이때 중요한 것은 학교 수업 시간을 잘 활용하는 것이다. 고3이 되면 보통 학교에서 수업 시간에 문제집으로 진도를 나가는 경우가 많다. 많은 학생들이 내신과 수능이 동떨어져 있다고 생각해 학교 수업을 신뢰하지 않는 경우가 많지만 실상은 그렇지 않다. 내신에 나온 시 한 편이, 수학 문제 하나가 얼마든지 수능에 응용되어 나올 수 있다. 그리고 학교 선생님들은 그 분야의 전문가이다. 오늘 배운 문제가 반드시 수능에 출제될 것이라는 마음가짐으로 최선을 다해야 한다.

또한 여름방학 즈음에는 완전히 실전에 익숙해져야 한다. 나는 이때 일주일에 1회 정도 모의고사를 풀었다. 이때가 되면 모의고사 형태의 넘기는 문제집이 많이 나오고, 각종 학습지에서도 모의고사용으로 문제집이 제작되어 나온다. 자신의 문제집을 활용하든, 친구가 받아보는 학습지에서 제공되는 모의고사 문제집을 빌려서 복사하든, 꼭 일주일에 한 번 정도는 모의고사로 실전 감각을 닦는 것이 좋다. 수능 성적은 자신이 가진 실력도 중요하지만 그것을 얼마나 드러낼 수 있느냐에 따라 판가름된다. 매주 일요일, 실전처럼 시간 계획을 짜고 모의고사를 풀어보는 것은 상당한 도움이 된다. 연습은 실전같이, 실전은 연습같이 하라는 말을 체감할 수 있을 것이다. 그리고 방학 때도 일주일에 하루 정도는 모의고사를 풀고 틀린 문제를 체크하며 나머지 6일은 전 과목을 다 보아야 한다. 놓치는 부분은 나중에 가서 드러나기 마련이므로 하나하나 꼼꼼히 보아야 한다.

3학년 여름방학이 끝난 뒤에는 무언가 하나라도 더 배우겠다는 마음보다는 지금까지 배운 것을 확실히 정리하는 작업이 필요하다. 고등학교 3학년이 되는 동안 얼마나 많은 것들을 배웠던가! 사실 그것들만 제대로 이해했다면 수능은 별 문제가 되지 않을지도 모른다. 이때는 새로운 것을 배우기보다는 정리한 오답노트를 보고, 틀린 문제들을 다시 분석하는 데 주력한다. 그리고 마음가짐을 다잡는 것이 무엇보다 중요하다. 항상 긍정적인 마음을 가지며 조급해하거나 날짜가 얼마 남지 않았다고 불안해하지 말고 자신을 믿어야 한다.

2

1학년,
먼 길을 가기 위한
철저한 준비

" 공부하는 시간대나 과목별 시간 배분 등 공부에 관한 포
괄적인 많은 사항과, 세부적으로 과목별로 어떻게 공부할
것인가를 계획하여 최소한 자신의 공부 방법에 대한 틀
을 마련해 놓아야 한다. "

상위 1% 공부 방법을 벤치마킹하라

              고등학교 공부는 중학교 때와는 양적으로 차이가 많이 난다. 그리고 모든 것을 다 하기에는 시간이 항상 부족하다. 이럴 때일수록 필요한 것이 확립된 공부 방법이다. 어떤 것이 왕도라고 말하기는 어렵다. 그리고 1학년이 100% 완성된 공부 방법을 가지고 있다는 것도 말이 안 된다. 내가 이렇게 글을 쓰고 있는 것도 많은 학생들에게 더 나은 공부 방법을 알려주기 위해서이다. 완벽한 공부법이 있다면 이 글을 볼 필요가 없다.

    완벽하지는 않을지라도 자신만의 체계적인 공부방법이 필요하다. 실제 공부할 때의 방법뿐 아니라 공부하는 시간대나 과목별 시간 배분 등 공부에 관한 포괄적인 사항과 과목별로 어떻게 공부할 것인가에 대한 세부적인 사항도 생각해보아야 한다. 계획 없이 덤비기에는 실패의 대가가 너무 크다. 1학년 때는 최소한 자신의 공부 방법에 대한 틀을 마련해 놓아야 한다.

    나는 공부를 잘하는 학생들을 따라하는 것을 내 공부 방법으로 삼았다. 공부를 잘하는 학생에게는 그들만의 공부 방법이 있을 것이라 생각했다. 그들은 남들과 크게 다르지는 않더라도 최소한 체계는 잡혀 있다. 그래서 나보다 공부를 더 잘하는 친구들에게 공부 방법을 물어보았다. 단, 두루뭉술하게 전반적인 공부법이나 이런 것을 물어보지는 않았다. 구체적이고 세밀하게 과목별로 내신/수능, 이해/암기를 어떻게 하는지 알아보았다. 특별히 수학은 학교 선생님께 여쭈어 보았다. 내가 알아낸 공부 방법은 각 과목별로 다음과 같다.

언어는 공부의 양이 아니라 질이다. 시간에 상관없이 100% 이해가 될 때까지 시간을 들여서 공부해야 한다.

수학은 수학편에 소개하겠지만, 무한 반복 학습이다. 한 단원 진도를 나가자마자 다시 돌아와서 복습 · 체크 그리고 다시 복습 · 체크 이런 식으로 공부했다.

외국어는 분야별 학습법으로, 우선 단어와 문법을 정복한 뒤에 독해했다. 그리고 독해할 때 일부러 소리를 내면서 읽었는데 한글처럼 익숙해지기 위함이었다.

사회탐구는 이해도 중요하지만 일단 다 암기하기로 했다. 암기 방법은 앞에서 소개한 방법을 그대로 활용했다. 특히 이야기, 즉 스토리를 구성하는 방법을 많이 사용했다. 어떤 사건이나 현상 또는 개념이 있다면 나만의 가상 시나리오를 만들어서 머릿속에 입력시켰다.

계열 일찍
정할수록 좋다

1학년 때 가장 중요한 일 중의 하나가 자신에게 맞는 분야를 선택하는 일이다. 일반 인문계 고등학교 학생들이라면 인문 계열과 자연 계열 즉 문과와 이과 중 하나를 선택해서 2학년 때부터 배우는 과정이 달라진다. 선택은 1학년 말에 이루어지지만 간단하지만은 않다. 어디로 진학하느냐에 따라 자신의 인생이 달라진다. 어느 쪽이 좋다는 말이 아니라 문과냐 이과냐를 선택하는 순간부터 걷는 길이 달라지고, 공부에서뿐 아니라 앞으로 인생 자체가 달라질 수 있기 때문이다.

계열을 성급하게 정하는 것은 좋지 않지만 고등학교에 들어가면서부터 윤곽은 잡고 있어야 하며, 결심이 확고하다면 선택은 빠를수록 좋다. 그래야 집중할 분야가 정해지기 때문이다.

1학년은 내신 성적을 잘 받기 위해서라도 열심히 해야 한다. 하지만 집중의 정도는 얼마든지 달라진다. 가령 문과를 생각하고 있다면 과학보다는 사회 과목에 좀 더 신경을 쓸 것이며, 이과라면 그 반대일 것이다.

1학년 때 남는 시간에 선행학습을 하려고 하더라도 계열을 정하지 않았다면 할 수가 없다. 계열은 2학년 때부터 나누어지지만 공부가 그때부터 시작되는 것은 아니다. 자신의 진로를 결정한 학생들은 이미 달리고 있다. 그렇다고 해서 심사숙고하지 않은 채 계열을 선택하는 것은 금물이다. 잘 모르겠다면 1학년이 끝날 때까지 천천히 생각해보는 편이 낫다. 나도 많이 갈팡질팡 했다. 고민이 많았다. 이과를 마음에 두고 있다가 문과를 선택하고, 1학년 겨울방학 때 진로를 다시 이과로 바꾼다고 했다가 결국 다시 문과로 바꿨다.

이렇게 복잡한 변화를 겪은 것은 1학년 때 계열에 대해서 진지하게 고민을 해보지 않아서다. 이 책을 읽는 독자가 1학년이라면 지금이라도 고민해보길 바란다. 앞에서 인생은 선택의 과정이라고 했는데, 계열을 선택하는 일은 고등학생들이 인생에서 겪게 될 가장 중요한 선택 중의 하나라고 생각한다.

내신 출제 경향을 파악하라

고등학교 1학년 때 중점을 둘 부분은 내신 출제 경향을 파악하는 일이다. 수능과 달리 내신은 100% 고등학교 교육과정 내에서 출제와 성적 평가가 이루어지고 학교별로 얼마든지 다를 수 있다. 또한 선생님마다 분명히 편차가 존재한다.

학교별로 어떤 차이가 있을 수 있을까? 우선 문제 배점에 차이가 있을 수 있다. 어떤 학교에서는 학생들 평어(학과목 성적을 수, 우, 미, 양, 가로 나누는 평가 방식)를 올리기 위해서 쉬운 문제에 높은 점수를 주는 방법이나 역배점을 사용하지만 어떤 학교에서는 학생들 실력에 따라 등수를 주기 위해서 반대 방법을 사용하기도 한다. 전자의 경우라면 쉬운 문제를 틀리면 곤란하니 일단 기본 개념들부터 확실히 공부하고 어려운 문제는 부차적으로 하면 될 것이다.

객관식과 주관식 문제 출제 경향에도 차이가 있다. 어떤 학교에서는 엄격한 채점을 위해서 주관식 문제를 일제 출제하지 않는다. 하지만 어떤 학교에서는 단순히 단답형 주관식 정도뿐 아니라 아예 서술형 주관식 문제를 출제하기도 한다. 객관식 문제만 나온다면 객관식 풀이에 맞추어서 공부해야 할 것이고, 주관식 위주라면 자신의 언어로 바꾸어서 다시 쓰는 연습을 해야 할 것이다. 이렇듯 공부 방법이 달라진다.

시험 기간도 중요하다. 어떤 학교는 하루에 3~4과목 시험을 보고 연속 3일만에 다 끝내버린다. 하지만 어떤 학교는 하루에 1~2과목만 치르면서, 그것도 주말을 끼워 학생들이 공부를 더 많이 하게끔 유도한다. 또한 학교마다 시험보는 교과목 배열 순서가 다른데 그것도 유의해야 할 사항이다.

선생님들의 차이도 한번 생각해보자. 어떤 선생님은 자신이 중요하다고 가르쳐준 부분에서만 문제를 출제한다. 이런 경우 수업에 집중해야 한다. 또 다른 선생님은 참고서에 있는 응용 문제를 많이 활용해서 문제를 출제한다. 이때에는 공부 범위를 더 확장해야 할 것이다. 그 외에도 다양한 유형의 선생님들과 출제 방식이 혼재한다.

그저 열심히 공부하면 된다고 생각했다면 이제 조금은 생각이 달라지지 않았을까 싶다. 같은 시간을 공부하더라도 위의 사항을 염두에 두고 공부한 것과 무작정 공부한 것은 다른 결과가 나올 것이다.

1학년 때는 자신이 다니는 학교의 내신 출제 방식을 파악하는 데 주력해야 한다. 주목적은 두 가지이다. 첫째는 당연히 내신 성적을 잘 받기 위함이고, 둘째는 후에 내신 공부할 시간을 줄이기 위해서이다.

고3이 되면 확실히 수능의 압박이 커진다. 그렇다고 내신을 놓을 수도 없다. 분명 1학년 때에 비해서 내신을 공부할 시간은 줄여야 하고, 성적은 유지해야 한다. 1학년 때부터 시험 패턴을 파악하면서 내신에 맞는 공부법을 익혀놓는다면 시간이 갈수록 내신에 투자하는 시간을 줄이고도 좋은 성적을 유지할 수 있다.

자신의 언어로
정리하는 법을 익혀라

　　　　　　　　　　공부해야 할 양이 많아질수록 학생
들 간의 차이를 유발시키는 가장 큰 요인은 필기다. 시험 범위가 몇
백 페이지가 된다고 할 때, 자신의 노트에 요약·정리를 잘해 놓았다
면 효율적으로 공부할 수 있다.

　필기를 잘하는 핵심은 자신의 언어로 정리하는 것이다. 가끔씩은
친구들과 필기를 공유하기도 하고 선생님이 검사하기도 하지만 궁극
적으로 필기는 자신을 위해서 한다. 자신이 알아볼 수 있도록 간결하
게 중요한 것들만 적어 놓으면 된다. 필기의 목적이 중요한 것들만
간추리는 데 있다면 굳이 교과서의 내용을 다 옮겨 적을 필요는 없
다. 그럴 것이라면 그냥 교과서를 보면 된다.

　자신만의 필기를 할 때 알아두면 좋은 것이 '축약 기호'이다. 이미
대부분의 독자들이 축약 기호를 사용하고 있다. 보통은 '★'을 써서
중요하다는 표시를 한다. 한 예로 '=(같다)', '※(주의)', '×(아니다)',
'≠(다르다)', '?(의문점)', '∴(그러므로)', '∵(왜냐하면)', '&(그리고)',

'↑↓(증가 · 감소)', '〈〉(크다 · 작다)', 'ex(예를 들어)'가 있다. 이는 공통적인 것들이고 자신만의 축약 기호를 익혀 놓으면 필기 속도가 더욱 빨라진다.

자신만의 것을 만들기 힘들다면 인터넷도 찾아보면서 필기법을 개발하자. 공부는 대학에 가서도 계속된다. 한번 익혀 놓은 필기법은 평생 사용할 수 있다.

필기법이 완성되었다면 자신의 언어로 정리할 차례다. 자신의 언어로 정리한다는 말은 많이 들었지만 구체적으로 어떻게 적용할 수 있을까? 자신의 언어로 정리한다는 말은 배운 것들의 위계(hierarchy)를 세우거나 자신이 더 잘 알아볼 수 있게 쉽게 정리한다는 말이다.

생생학습법 || 가령 문학 시간에는 다양한 문학 작품들에 대해 배운다. 보통 하나의 작품을 한 번에 다룬다. 그런데 수능은 다양한 문학 작품이 한 지문에 나와 공통점, 차이점 등을 묻는 방식으로 출제된다. 학교에서 다양한 문학 작품을 통합적으로 가르쳐 주는 경우는 별로 없다. 이럴 때 자신만의 비교 · 정리 노하우가 필요하다. 고전 문학 작품들을 다 배웠다고 가정해보자. 가장 간단하게 시대별로 묶어서 작품명들을 적고 특징들을 기입해 볼 수 있다. 그리고 시대를 막론하고 비슷한 주제나 특성들을 가지는 작품들끼리 줄로 이어본다.

| 시대별로 살펴 본 고전 문학 작품 |

고전문학	시대별특징	작품명	작품명	비고
삼국시대	• AAAA • BBBB	작품A	특징1, 특징2, 특징3	다른 시대와의 관련
		작품B	특징1, 특징2, 특징3	
		작품C	특징1, 특징2, 특징3	
통일신라	• CCCC • DDDD	작품D	특징1, 특징2, 특징3	
		작품E	특징1, 특징2, 특징3	
		작품F	특징1, 특징2, 특징3	
고려신라	• EEEE • AAAA	작품G	특징1, 특징2, 특징3	다른 시대와 유달리 다름
		작품H	특징1, 특징2, 특징3	
		작품I	특징1, 특징2, 특징3	
조선신라	• BBBB • GGGG	작품J	특징1, 특징2, 특징3	
		작품K	특징1, 특징2, 특징3	
		작품L	특징1, 특징2, 특징3	

이렇게 표로 정리해 놓으면 자신이 배웠던 고전 문학 작품들을 한눈에 정리할 수 있다. 여기서 중요한 점은 모든 작품을 망라할 필요도 없고 모든 특징들을 다 적을 필요도 없다는 점이다. 처음 필기를 할 때는 일단 잘 모르므로 다 받아 적고 내용을 가득 채워야 한다. 하지만 다시 정리할 때는 자신이 중요하다고 생각되는 것, 그리고 자신이 잘 모르는 내용을 위주로 적으면 된다. 정리란 보다 넓은 관점에서 배웠던 것을 한눈에 파악하기 위함인데 당연히 중요하지 않은 내용, 다 알고 있는 내용은 빠져야 한다.

한국지리로 예를 들어보면, 시각화해서 정리할 수 있다. 한국지리에 대해 배운 내용은 많은데 잘 정리하기가 쉽지 않다. 그렇다면 어떻게 정리할 수 있을까? 한국지리인 만큼 한국이 그려져 있는 빈 지도를 하나 준비해서 거기에 자신이 아는 내용을 하나 씩 기입해 보는 것이다. 우선 자연 지형으로 산맥들을 그려볼 수 있고 동서남북에서 오는 각종 기후들의 영향을 그려볼 수 있다. 그리고 인문 지리로 넘어와 인위적 행정구역의 경계 등을 표시해 보고, 또 다시 각종 권역별로 나누어볼 수 있다. 큰 도시의 이름 들을 적어보기도 하고 각종 필요한 정보들을 옆에 적어볼 수 있 다. 그렇다면 다른 과목은 어떠한가? 사회탐구영역에서 일반사회 영역에 속하는 정치, 경제, 사회·문화, 법과 사회에서는 개념 사 이의 관계와 위계가 특히 중요하다. 위계상 가장 높은 곳에 있는 핵심어를 먼저 쓰고 아래로 관련 하위 항목 개념들을 적어본다. 그리고 또 하위에서 파생되어 나오는 것들을 적어본다. 주목할 점은 반대되는 개념들 사이의 관계를 잘 표시하고 어떤 개념이 어디로 이어지는지 그 관계를 잘 파악하는 것이다. 바로 위계를 잡아서 개념을 잡는 것이 힘들다면 처음에는 마인드맵을 이용하 는 것이 쉽다. 마인드맵으로 자신이 알고 있는 내용들 사이의 관 계가 어느 정도 형성된다면 그 뒤에 다시 정리를 하면서 위계를 잡아 기입하는 방법이 효과적이다. ǀǀ

표를 만들어 따로 정리하는 것이나, 시각화를 해서 따로 내용을 정리하는 것들은 복습하는 효과를 배가시켜 더 좋은 성적을 거둘 수 있게 해준다.

언·수·외에 집중하는 중요한 시기

　　　　　　　　자신의 계열을 미리 정했다면 좋고, 그렇지 않더라도 우선 공부할 과목이 있다. 흔히 주요 과목으로 불리는 언·수·외가 그것들이다. 이들 과목은 학교 내신에서도 수업시수가 높아 중요한 과목일 뿐 아니라 수능에서도 가장 중요한 과목들이다.

　수능 성적 관리에 대해서는 과목별로 비중을 두는 시기를 다루었으니 이곳에서는 일단 1학년 때 중점을 두어야 할 부분에 대해 알아보자. 탐구영역 과목은 크게 신경 쓰지 않아도 좋다. 물론 1학년 때 배우는 사회나 과학 과목이 계열을 나눈 후에 기초가 되기는 하지만, 그래도 그 비중은 언·수·외에 비해서 낮다. 그리고 1학년때는 문과, 이과에 상관없이 사회와 과학을 다 배워야 한다. 나중에 자신에게 필요 없는 과목을 열심히 공부하는 것은 크게 도움이 되지 않는다. 아무튼 1학년 때는 자신의 취약한 주요 과목을 찾아 기본기를 쌓아야 한다. 언·수·외 과목별로 어떤 기본기를 쌓아야 1학년을 알차게 보낼 수 있을지 내 경험으로 얻은 의견을 한번 적어 보겠다.

언어영역 1학년 때 가장 우선시해야 할 일은 문단 구성과 핵심 내용을 찾는 연습을 하는 일이다. 중학교에서 고등학교로 올라오면서 지문이 확실히 길어지고 내용이 심화된다. 특히 수능에 출제되는 비문학 지문들은 흔히 말하는 교과서 밖의 글들이다. 학생이 난생 처음 보는 내용일 수도 있다. 1학년 때 언어를 공부하면서 극복해야 할 대상은 바로 어려운 글들을 제대로 읽어내는 작업이다. 문학은 교과서에서 다룬 작품 정도만 간단히 보고 그 외에는 크게 신경 쓰지 않아도 된다. 1학년 때 비문학 글을 제대로 읽는 연습만 된다면 학년이 올라가서 문학작품도 쉽게 읽어낼 수 있고 언어영역 전반에 걸쳐 정확한 독해력을 가질 수 있게 된다.

수리영역 수리영역은 자신의 진로가 문과인지 이과인지에 따라 크게 달라진다. 문과라면 학교 진도만 잘 따라갈 정도로 공부를 해도 충분하다. 수리 '나' 영역은 그만큼 범위가 적다. 2, 3학년 때 배우는 것만으로 충분히 수능을 볼 수 있다. 수업을 충실히 따라가고도 시간이 남는다면 그 시간을 언어나 외국어에 배분하는 편이 낫다. 하지만 이과를 희망한다면 상황은 달라진다. 이과에서는 2학년이 되면 본격적으로 수학 진도를 나가기 시작한다. 수학1과 수학2의 진도를 동시에 나가는 경우가 많은데 1학년 때 어느 정도 미리 해놓지 않으면 따라가기 힘들다. 이과를 희망하고 있다면 공부를 하면서 여유 있는 시간은 가능한 수학 과목으로 할당해 진도를 미리 나가는 편이 좋다.

외국어영역 영어도 하나의 언어다. 언어를 구사하는 데 가장 밑바탕이 되는 것은 어휘다. 고등학생이 되면 중학교 때보다 다루는 어휘의 양이 훨씬 많아진다. 1학년 때 우선해야 할 일은 이 어휘들을 암기하는 것이다. 고등학교 어휘의 범위가 중학교 때보다 많긴 하지만 제한되어 있기 때문에 한번 그 범위에 해당하는 어휘들을 익혀 놓으면 고등학교 내내 외국어영역은 큰 걱정을 하지 않아도 된다. 그리고 동시에 문법도 익혀 놓는 것이 좋다. 이 또한 하나의 언어를 익히는 데 큰 밑바탕이 되기 때문이다. 어떤 영역도 성적을 올리기 쉽지는 않지만 특히 모의고사에서 주요 세 과목의 성적은 잘 오르지 않는다. 공부를 하지 않더라도 바로 성적이 떨어지는 것도 아니지만 공부를 했다 하더라도 성적이 금방 오르지도 않는다. 그렇기 때문에 1학년 때부터 꾸준한 공부가 필요하다. 아래의 학습량과 성적에 관련된 그래프를 살펴보자.

| 학습량과 성적 |

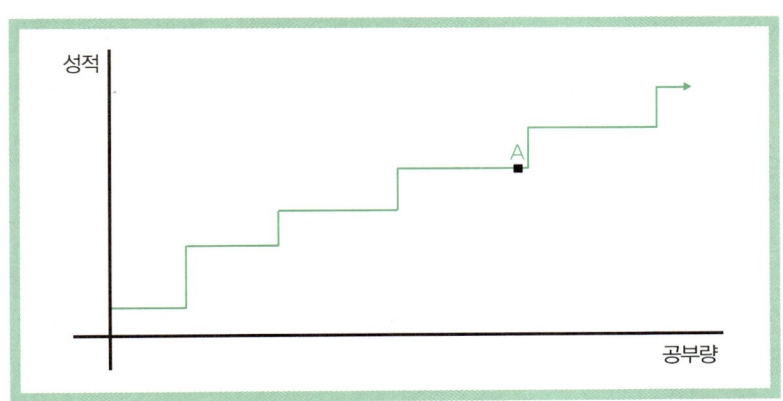

그래프에서 나타나는 것처럼, 공부를 하더라도 성적은 한동안 올라가지 않는다. 공부량이 일정 수준에 달하면 성적이 올라간다. 그리고 또 다시 성적이 정체기를 갖는다. 공부량과 성적은 1차의 직선 그래프 모양이 아니라 계단 모양의 그래프를 이룬다. 성적이 오르기까지 정체기를 나타내는 가로의 길이는 과목마다 편차를 보이는 데, 주요 과목은 길다. 특히 자신이 싫어하고 못하는 과목일수록 더욱 그렇다. 따라서 자신이 싫어하는 과목은 공부를 하다가 성적이 오르지 않아 그만둔다. 그래서 성적이 잘 나오지 않는 악순환이 반복된다. 그러다 보니 A지점에서 공부를 그만두는 학생이 많이 생긴다. 긴 시간을 공부했지만 아직 성적이 오르지 않은 시기가 A지점이다. 언제나 자신이 지점에 와 있다는 마인드로 공부에 임해야 한다. 아직은 성적이 오르지 않았지만 조금만 더하면 결과가 있을 것이라 믿어야 한다.

너무 늦게 주요 과목 공부를 시작하면 수능을 보기 전까지 결국 성적이 상승하는 지점에 도달할 수 없게 된다. 반대로 조금 일찍 공부를 시작해서 한번 성적이 상승하는 지점에 다다르게 되면 다음 지점을 기대하기가 훨씬 쉬워진다. 성적이 한번 크게 올랐다는 자신감이 다음의 성적 향상 시기까지 내포되어 있는 정체기를 극복하게 만들기 때문이다.

주요 과목에 집중해서 우위를 점하라. 주요 과목은 성적을 올리기도 힘들지만 반대로 한번 올려놓으면 그 성적이 웬만해서는 떨어지지도 않는다. 우위를 점하라는 말은 성적을 바로 올려야 한다는 말이 아니다. 성적은 바로 오르지 않는 것이 보통이다. 다만 성적이 오르지 않더라도 주요 과목에 치중하는 1학년 시기를 보내면 본인 스스로 알게 된다. 앞으로 성적이 오를 것인지, 아니면 떨어질 것인지.

1학년 모의고사는
실험용일 뿐이다

1학년 때 모의고사를 보면서 가장 중요한 점은 자신의 스타일을 알아보고 자신감을 갖는 일이다. 모의고사를 고의적으로 못 볼 필요는 없지만 목숨 걸고 잘 볼 이유 또한 없다. 모의고사 점수 1, 2점을 올리는 데 주력하기보다는 어떤 방식으로 시험을 보는 것이 자신에게 가장 잘 맞는지 실험해보는 데 더 큰 의미가 있다. 수능 시험에서의 실력에는 실전에서 아는 것을 드러낼 수 있는 능력도 포함된다. 그런 의미에서 모의고사는 중요하다. 과목별 순서도 같고 시간 배분도 같은 환경 속에서 주변의 동료들과 긴장감 속에 시험을 보는 환경은 좋은 연습이 된다.

나중에 학년이 올라가서 연습할 수도 있지 않느냐고 반문할 수도 있지만 상황은 그렇지 않다. 생각해보면 고등학교 3년간 모의고사를 생각보다 많이 보지 않는다. 만일 1학년 때 별 생각 없이 그 기회를 잃는다고 하면 수능 전에 모의고사를 치르는 횟수는 손에 꼽게 적어진다. 모의고사는 혼자서 연습하고 싶다고 할 수 있는 것이 아니다. 가장 중요한 것은 시험 환경에 대한 연습인데 혼자서 시간을 재며 문제를 푸는 방식은 환경에 대한 연습이 되질 않는다. 그리고 2, 3학년 때 모의고사는 문제 풀이에 집중해야 하고 거기서 나오는 점수도 신경 쓰이기 때문에 자신에게 맞는 스타일을 실험해볼 기회는 없다고 봐도 무방하다.

스타일을 연습하는 예시에는 이런 것들이 있다. 예를 들어 언어영역 시험을 치르는데 듣기 문제를 풀고 바로 나오는 쓰기 문제를 풀 것인지, 아니면 일단 넘어가서 비문학을 먼저 풀고 문학을 풀 것인지 연습해보는 것이다. 시험 시간마다 집중력이 다르다면 언제 어떤 문제를 푸는가에 따라 실수하는 문제가 달라진다. 외국어 시험에서는 독해를 했는데 답이 나오지 않을 때 어떻게 할지 원칙을 세우고 연습할 수 있다. 나는 모의고사를 보면서 독해를 하고 보기를 다 보았는데 답이 나오지 않는다면 지문을 빠르게 한 번 더 보고 그래도 답이 나오지 않으면 별표를 하고 넘어갔다. 다시 보는 시간은 20~30초 정도로 정하고 그 시간을 넘기면 과감히 넘어갔다. 이렇게 연습을 한 덕분에 실제 수능에서도 처음에 답이 나오지 않았던 문제를 당황하지 않고 연습 때처럼 넘길 수 있었다.

1학년 시절은 자신의 스타일을 실험해볼 수 있는 가장 좋은 기회다. 시험장에서 어떤 방식으로 시험을 치르면 자신이 최상의 효과를 낼 수 있는지를 알아내는 것도 대단히 중요하기 때문이다. 진정한 실력이란 지식이 밖으로 드러났을 때만 인정된다. 1학년 때부터 모의고사로 연습을 철저히 했다면 자신의 실력을 제대로 발휘하지 못해 시험을 망치는 일은 별로 없을 것이다.

모의고사를 연습으로 사용하려면 점수에 얽매이지 않는 것이 중요하다. 3학년이 되면 좀 달라지기는 하지만 2학년 때도 마찬가지이다. 1, 2학년이 보는 모의고사와 수능은 시험을 보는 과목이 같을 뿐이지 범위도 다르고 출제 경향도 다르기 때문이다. 안주해서도 안 되지만 좌절해서도 안 된다. 특히 자신의 현재 모의고사 성적을 3학년의 배치표에 적용해보고 갈 수 있는 대학을 알아보는 어리석음을 범해서는 안 된다. 평가 기준이 다르고 표본 집단이 다른 상황에서 그런 비교는 아무 의미가 없다. 또한 교과 과정이 다 끝나지도 않은 상황에서 모의고사의 성적을 수능과 비교하는 것은 더더욱 그렇다.

모의고사 성적에서 나타나는 숫자 그 자체에 신경 쓰지 말고 자신의 약점과 틀린 부분이 무엇인가를 파악하는 데 주력하라. 약점을 극복하고 강화하면 강점으로 바꿀 수 있다는 점도 알아야 한다.

3

2학년, 계열이
나누어지고
성적 윤곽이
드러나는 시기

" 계열이 나뉘면서 내신 공부와 수능 공부가 통합되는 시
기이다. 내신과 수능에 투자할 시간을 분배하기보다는
어떻게 하면 한 가지 공부를 하면서 두 가지 시험에 모두
도움이 될까 하는데 초점을 맞추어야 한다. "

발전 가능성이 존재하는 시기이다

2학년은 계열이 확연히 나뉘고 성적의 윤곽이 드러나는 시기이다. 냉정하게 말해서 이때 드러난 성적은 웬만해서는 바뀌지 않는다. 대부분의 학생들은 본인의 성적을 유지하고 일부 학생들이 큰 변동을 겪는다. 그것이 긍정적인 방향이든 부정적인 방향이든.

프랑스 속담에 "진실만큼 사람을 아프게 하는 것은 없다"라는 말이 있다. 굳이 불편한 진실을 드러내는 이유는 얼른 진실을 깨닫고 앞으로 나아가게 하기 위해서다. 성적을 고만고만하게 유지하는 대부분의 학생이 아닌 긍정적인 방향으로 크게 발전하는 일부의 학생이 되기를 바라는 마음에서이다.

계열이 나뉘면서 좋은 점은 공부할 과목이 명확히 드러난다는 점이다. 1학년 때는 의무적으로 모든 과목을 들어야만 했지만, 2학년 때부터는 학교 공부가 심화되면서 모든 과목이 수능과 관계가 깊어지고 중요해진다.

이때 자연스럽게 나타나는 특징은 내신 공부와 수능 공부가 통합된다는 점이다. 문과라면 과학을 배우지 않게 되고, 이과라면 사회 계열 과목을 거의 배우지 않게 된다. 즉, 이제 내신과 수능은 더 이상 별개의 영역이 아니다. 내신 성적을 잘 받는 학생이 모의고사 성적도 잘 받는다. 2학년이 되면 내신과 수능에 투자할 시간을 분배하기보다는 어떻게 하면 한 가지 공부를 하면서 두 가지 시험에 모두 도움이 될까 하는 데 초점을 맞춰야 한다.

성적의 윤곽이 드러난다고 했는데 여기서 주목할 것은 '윤곽'이다. 확정된 선이 아니라 대강의 윤곽만을 말한다. 발전 가능성은 존재한다. 1학년 때부터 주요 과목을 위주로 공부해 왔다면 가능성은 더욱 높고, 그렇지 않더라도 기회는 남아 있다.

중심을 잡고
흔들리지 마라

　　　　　　　　2학년은 흔들리기 쉬운 시기이다. 어떤 요인들이 흔드는가 생각해보자. 우선 학교에 적응이 되었다. 인간은 긴장보다는 안정을 좋아한다. 긴장감은 사람을 민첩하게 만들고 안정감은 사람을 나태하게 만든다. 1학년을 보내고 2학년이 되면 학교에 적응도 다 되고, 선생님들도 어느 정도 알게 되어 방심하기 쉽다. 내신 시험도 이미 4차례나 치르고 모의고사도 몇 번 보았기 때문에 자신의 실력에 안도하게 된다. 그리고 성적을 향상시키고 싶긴 하지만 더 이상 공부 방법을 깊이 연구하지는 않게 된다. 열심히 하면 올라가겠지 하는 생각을 하고 자신의 공부 방법을 개량하지 않는다. 왜냐하면 1년간 그렇게 해왔고 그래서 그나마 지금의 성적이라도 유지하고 있기 때문이다.

　아직 3학년이 아니라는 안도감이 긴장감을 무디게 만든다. 2학년 3월에 개학을 하고 학교 수업을 들으면 아직 수능이 많이 남았다는 느낌이 든다. 하루하루 다가오는 것은 현재 고3의 수능이지 자신들의 수능은 아닌 것처럼 느껴진다. 주변에서도 3학년을 보고 공부하라고 격려할 뿐 2학년에게 공부하라고 심하게 다그치거나 말하지는 않는다. 1학년을 시작하는 설레임과 3학년의 긴박감 중 어느 것도 아닌 애매한 중간 단계라서 방황하기 쉬운 시간이 2학년 시기다.

2학년 때는 성적이 잘 변하지 않는다. 성적의 변동이 조금씩 있기는 하지만 한 번 성적이 나오고 나면 쉽게 변하지 않는다. 2학년이 되면 본격적으로 계열이 나뉘고 자신에게 필요한 공부를 한다.

2학년은 기본 실력이 쌓이는 시기이다. 본격적으로 실전 문제를 많이 풀지도 않기 때문에 급격한 변화가 나타나기 힘들다. 그리고 공부한 효과는 한 기간 늦게 나타나기 때문에 3학년이 되어야 2학년 때 누적되었던 성과가 나타난다. 전 범위를 가지고 제대로 시험볼 때 학생들 간의 차이가 드러난다.

2학년 때 가장 중요한 일은 평상심을 유지하며 자신의 공부를 하는 일이다. 친구들과 보내는 시간도 선을 긋고, 자신의 공부를 계획대로 실천해야 한다. 자리만 잘 잡는다면 바쁜 가운데서 한가함 즉, 망중한(忙中閑)도 느낄 것이다. 3학년이 되면 부족한 과목에 시간을 많이 투자할 수 있는 여유가 별로 없다. 과목별 범위가 많고 전 과목을 어떻게든 다 봐야 하기 때문이다.

성적을 폭발적으로 올리기 위한 준비를 해야 한다면 2학년이 마지막 기회라고 해도 과언이 아니다. 자신의 취약 과목을 파악하고 집중 공략해야 한다.

반복 복습으로
학습의 효과를 높여라

　　　　　　혹시 이런 그래프를 본 적이 있는
가? 두 가지 그래프는 에빙하우스(Ebbinghaus)라는 독일의 심리학자
가 만든 망각곡선이다. 인간의 기억이 시간에 반비례하는 것에 입각
해, 감소하는 기억을 장기 기억으로 영구히 보존하기 위해 망각곡선
의 주기에 따라서 적절한 시점에 적절한 반복(4회 주기)이 중요하다는
이론이다.

　다음의 그래프를 살펴보면 복습이 이루어졌을 때와 이루어지지
않았을 때 인간이 기억하고 있는 양의 차이를 알 수 있다. 16년간 기
억을 연구한 에빙하우스는 여러 실험으로 반복하는 것의 효과, 즉 같
은 횟수라면 '한 번 종합해 반복하는 것' 보다 '일정 시간의 범위에
분산 반복하는 것' 이 훨씬 더 기억에 효과적이라는 것을 발견했다.

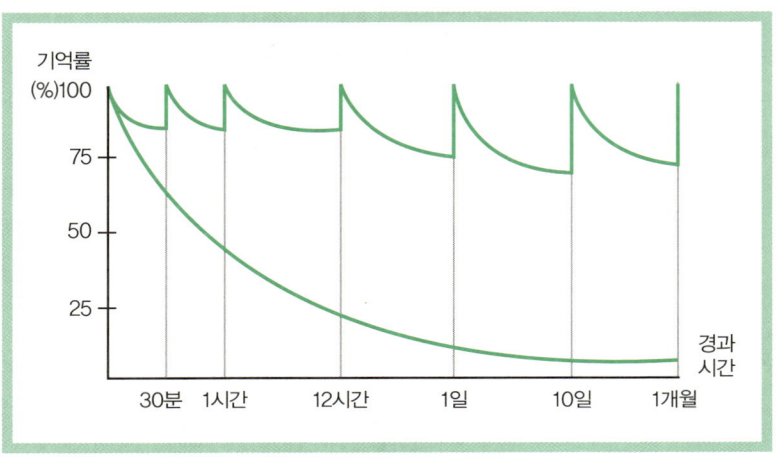

그의 주장에 따르면 학습 후 10분 후부터 망각이 시작되며, 1시간 뒤에는 50%를 하루 뒤에는 70%가 한 달 뒤에는 80%를 망각한다.

망각으로부터 기억을 지켜내기 위한 가장 효과적인 방법은 복습이다. 에빙하우스는 복습에 있어서 그 주기가 매우 중요하다는 사실을 발견하였다. 10분 후에 복습하면 1일 동안 기억되고, 다시 1일 후 복습하면 1주일 동안, 1주일 후 복습하면 1달 동안, 1달 후 복습하면 6개월 이상 장기 기억할 수 있다는 연구 결과를 발표했다.

인간이라면 당연히 망각하게 되어 있다. 여기서 우리가 초점을 맞춰야 할 사실은 '인간은 기억력이 나쁘다'가 아니라 '어떻게 하면 기억력을 좋게 할 수 있을까?'이다. 답은 이미 나와 있다. 복습을 하는 것이다.

예습과 복습을 한 세트로 묶어서 언급하는 경우가 많기에 비슷하게 느껴질지 모르지만 공부를 해보면 질적으로 다르다. 복습은 배운 것을 더욱 잘 기억하기 위해서 다시 반복해서 학습하는 것이고, 예습은 난해한 것을 배우기 전에 미리 간단하게나마 살펴봄으로써 배울 때의 이해력을 증진시키는 것이다. 둘 다 학습에 필요한 것이지만 고등학생 시절에는 복습이 더욱 중요하다. 수업 시간에 다루는 내용이 미리 공부하지 않는다고 해서 이해하지 못할 정도로 난해하지는 않기 때문에 예습의 효용보다는 복습의 효용이 더 높다.

에빙하우스의 망각곡선은 어떤 과목을 공부하든지 다 적용할 수 있다. 그가 말한 반복주기를 억지로 맞추지 않더라도 반복하기만 하면 공부 효율이 올라간다는 것은 두말할 필요가 없다.

공부의 효율과 관련해서 탐구영역의 예를 들어보자. 2학년 때 탐구영역을 대하는 대다수 학생들은 따로 시간을 많이 투자하지 않는다. 탐구영역은 벼락치기도 가능하다고 믿고 있을 뿐 아니라, 아직은 주요 과목에 집중할 때라고 생각한다. 후자는 그리 틀린 말이 아니지만, 전자는 크게 잘못되었다. 벼락치기로 완성되는 공부란 없다. 탐구영역 공부를 후반부에 하는 이유는 주요 과목보다 비중이 낮기도 하고 암기한 것을 최대한 가까운 시기에 활용하기 위해서이다. 하지만 기본 밑바탕이 없다면 이는 힘들다.

그래서 탐구영역은 반드시 2학년 때 기본을 다져야 한다. 하지만 여기서 모순이 생긴다. 주요 과목을 하기도 바쁜데 언제 탐구영역까지 한단 말인가? 분명히 시간은 제한되어 있다. 하지만 에빙하우스의 망각곡선을 생각해보면 시간을 조금만 투자하더라도 큰 효과를 거둘 방법이 있다.

탐구영역은 수업 시간에 다룬다. 그렇다면 수업이 끝나고 반드시 복습한다. 수업 시간에 이해가 되었다고 끝이 아니다. 다음 수업을 듣고 나면 이미 배운 것의 절반이 날아가게 된다. 1교시 동안 힘들게 배운 것을 잊어버리기 싫다면 쉬는 시간 10분간이라도 복습해야 한다. 10분을 다 쓸 수 없다면 5분이라도 좋다. 다시 한 번 공부하는 것과 바로 교과서를 덮는 것의 차이는 생각보다 크다. 그리고 오후에 수업이 다 끝나고 학교에서 자습을 하거나 혼자 독서실에서 공부할 때 그날 배운 탐구영역 과목을 복습해야 한다. 시간을 많이 들일 필요는 없다. 주요 과목에 투자하는 시간의 일부분만을 떼어도 충분하다. 이때의 학습 목표는 그 단원을 확실히 100% 암기하고 이해하는 것이 아니다. 그 과목에 익숙해지고 수업 시간에 이루어졌던 학습의 흐름을 따라가 보는 것이다. 하루가 지나기 전이라면 그 과목에서 선생님이 어떤 말씀을 했었는지, 어떤 부분이 중요한지 기억나기 마련이다. 다 암기하려고 노력하지 말고 흐름만 짚어라.

나는 국사, 근현대사, 사회문화, 한국지리를 수능 선택 과목으로 정했다. 이 과목들을 수업 시간에 열심히 듣고 필기했다. 그리고 쉬는 시간이면 반드시 복습하려고 했다. 오히려 주요 과목들은 수업을 듣고 바로 복습하지 않더라도 탐구과목들은 짧은 시간 동안 복습했다. 그리고 오후에 자습 시간이 생기면 간단히 15~20분 정도씩 훑어보았다. 하루에 사회탐구 4과목을 다 배우는 날은 거의 없다. 기껏해야 2~3과목인데다가 전 범위를 복습하는 것도 아니고 그날 배운 것만 했기 때문에 1시간도 채 안 걸려서 탐구영역 복습을 다 끝낼 수 있었다. 하루에 투자한 시간은 짧았지만 다른 친구들이 시험 기간에 몇 시간 이상씩 공부한 것보다 효과가 좋았다.

복습을 해야 한다는 사실은 누구나 알고 있다. 하지만 복습에는 때가 있다는 점을 알아두어라. 언제 다시 보는가에 따라 학습 효율은 극도로 차이 난다. 배우고 한 달 뒤에 복습한다면 그것은 복습이 아니라 전부 잊어버리고 새로운 학습을 하는 것이다. 언제 어떤 과목을 공부해야 할지 정할 때는 공부와 복습의 효과에 대해 한 번 생각해 보라.

참고서는
한 권으로 통일하라

2학년 때 중요한 것은 개념 학습이다. 이미 언급했듯이 내신 공부는 수능 공부와 직결된다. 내신 공부를 하면서 개념 정리를 잘해 놓는 것은 수능에서 좋은 점수를 획득하는 지름길이다. 그렇다면 내신 관리를 잘하는 방법은 무엇인가? 개념 학습에 관해서 많은 학생들이 '단권화'라는 말을 들어보았을 것이다. 왜 단권화가 필요한가? 어떻게 보면 단권화는 공부할 양을 줄이겠다는 말이다. 여러 권의 교재를 보는 것이 아니라 하나만 보는 것이 단권화의 궁극적인 목적이기 때문이다.

그렇다면 단권화는 어떤 장점이 있는가? 단권화의 가장 큰 장점은 복습 효과다. 앞에서 살펴본 에빙하우스의 실험에서 알 수 있듯이 사람의 기억력은 생각보다 좋지 않다. 결국 공부하고 복습해야만 많은 것들이 기억에 남게 된다.

가령 다른 교재 10권을 보고 공부하는 경우와 한 권을 10번 보는 경우를 비교해보자. 10권의 교재를 보는 편이 더 많은 내용을 배울 수 있을 것이다. 이 교과서에서 빠진 내용은 저기서 나오고, 또 한 교과서에서 빠진 내용은 다른 교과서에서 나오기 때문에 빠지는 부분 없이 다 배울 수 있을 것이다. 하지만 배우는 것이 전부는 아니다. 이해하고 암기하는 부분만 자신의 것이 된다. 결국 많이 배우지만 자신이 받아들이는 부분은 그에 비해 훨씬 적다. 결정적으로 비슷한 것들을 다른 방식으로 설명해 놓았기 때문에 어떤 것을 기준으로 삼아 공부해야 할지 애매하게 된다.

하지만 한 권을 10번 보는 방식은 다르다. 10번이나 본다면 교재 한 권에 나온 내용은 대부분 이해하고 암기도 가능하게 된다. 물론 한 권을 10번 본다면 빠진 부분은 계속 빠지게 된다는 단점도 있다. 하지만 교재 한 권에서 다루고 있는 내용이 그 과목에 대해 얼마나 많은 부분을 누락시켰을까? 교재는 대부분 비슷한 내용을 다루고 있기 때문에 차이가 나는 부분은 보통 사소한 부분이다. 중요한 개념이나 용어, 사건 등은 교재마다 빠뜨리지 않고 다 싣기 마련이다.

단권화의 의미는 교재 한 권만을 보라는 것일까? 아니다. 진정한 단권화는 교재 한 권을 여러 번 반복해서 학습하고 다른 교재를 참고해서 보되, 누락된 부분을 본 교재에 첨가해서 적는 것이다. 교재마다 그다지 많은 차이가 나지 않아도 다른 교재는 봐야 한다. 하지만 본 교재에서 지겨울 정도로 많이 본 부분을 또 볼 필요는 없다. 차이가 나면서도 필요한 부분만을 본 교재로 가져오면 된다. 본 교재에 따로 필기를 해 놓을 수도 있고 프린트를 붙여 첨가할 수도 있다. 방법은 다양하다. 목적은 한 권으로 만드는 것이다.

이렇게 만들어 놓으면 단권화의 또 다른 장점이 보인다. 복습 효과도 있지만 복습의 속도 자체가 빨라진다. 같은 과목을 공부한다고 하더라도 다른 교재를 보면 그만큼 시간이 많이 걸린다. 아는 내용을 보더라도 문장이 다르고 배열이 조금씩 다르다. 그래서 아는 내용이지만 처음 볼 때만큼은 아니더라도 시간이 많이 걸린다. 하지만 한 번 봤던 교재를 보면 아는 내용은 금방 넘어갈 수 있다. 문장 구조나 내용의 배열 순서도 알고 있기 때문에 흐름을 따라가기도 쉽다. 처음 한 번 볼 때와 다시 볼 때 걸리는 시간의 차이는 배 이상이나 차이가 난다. 그리고 두 번, 세 번, 횟수가 올라갈수록 한 번 교재를 보는 데 걸리는 시간은 점점 줄어든다.

예를 들어 『정석』을 20번 본 학생이 있다고 하자. 『정석』을 갓 1번 본 학생으로서는 믿기 힘든 숫자일 것이다. 하지만 20번 볼 때 걸리는 시간은 1번 볼 때 걸리는 시간의 20배가 아니다. 실상은 10배도 되지 않는다. 필자의 생각으로는 한 5배 정도면 충분하지 않을까 싶다. 시간이 적게 걸린다고 효과마저 적은 것은 아니다. 학습 효과가 좋아져서 능률이 올라간 것이지 공부량 자체가 적어져서 시간이 적게 든 것이 아니기 때문이다.

또 하나의 장점은 필요한 부분은 필요할 때 바로 찾아볼 수 있다는 점이다. 아무리 공부해도 문제를 풀다 보면 모르는 부분이 발견된다. 그때는 다시 자신이 공부했던 부분을 찾아서 확인해보고 공부해야 하는데, 단권화를 하면 그 부분을 찾는 속도가 빨라진다. 자신이 정리하고 많이 봤던 교재라면 어디에 뭐가 있는지 정도는 눈을 감고도 그려진다. 세부 내용이 기억나지 않아 다시 공부할 목적으로 찾는다면 어느 부분을 공부해야 할지 바로 알 수 있기 때문에 공부에 필요한 시간을 줄일 수 있다.

단권화를 하는 방법을 간단히 살펴보자. 우선 기본적으로 개념정리가 잘 되어 있는 교재를 정한다. 수학이라면 대표적으로 『정석』이 있을 것이고, 국사라면 국사 교과서 그 자체가 될 수 있을 것이다. 학원에서 다루는 개념집도 상관없다. 너무 간략하지 않으면서 본인에게 맞는 교재를 선택하면 된다. 그리고 그것을 바탕으로 일단 공부한다. 필요한 부분은 필기하고 프린트물을 첨가하고 자신의 이해를 돕는 어떤 것을 해도 좋다. 본인이 쓸 교재인데 누가 뭐라고 하겠는가. 그리고 반복 학습을 한다. 한 교재에 익숙해졌다면 다른 교재를 참고한다. 단, 참고한다는 것은 처음부터 끝까지 다 본다는 것이 아니라 차이 나는 부분 위주로 본다는 의미이다. 주요 개념을 어떤 식으로 다루고 있는지를 보고, 본인의 교재에는 없었던 내용이 있는지도 확인해 본다. 확인이 되면 그냥 공부하고 넘어가는 것이 아니라 본인의 교재에 첨가한다.

그렇다면 차이가 나는 부분을 어떻게 찾을 수 있을까? 말이 쉽지 결국 책을 처음부터 끝까지 다 보지 않는다면 차이 나는 부분이나 빠진 부분을 찾을 수 없다. 나는 이를 보완하기 위해 두 가지 방법을 선택했다. 하나는 다른 문제집을 풀 때 앞에 나와 있는 요약 정리를 보면서 빠진 부분은 단권화 노트에 첨가하는 방법이었다. 이 방법은 다른 교재를 보면서 아는 내용은 간단히 복습하고 빠진 부분을 찾을 수 있다는 장점이 있다. 하지만 단점은 간단히 요약 정리된 부분 정도로는 빠진 부분이 많이 발견되지 않는다는 것이다. 원래의 내용에 필기하고 한 권 정도만 더 참고해서 본 교재에 첨가하면 첨가할 사항이 더 이상 생기지 않았다.

두 번째 방법은 틀린 문제를 통해 단권화 노트에서 빠진 부분을 찾아내는 것이었다. 예를 들자면 한국지리를 공부할 때 학교에서 나누어준 프린트에 필기를 받아 적어 그것을 단권화 교재로 사용했다. 프린트에 내용이 잘 정리되어 있었고 선생님께서도 잘 가르쳐 주셨기 때문에 그것으로 웬만한 문제들은 다 풀어낼 수 있었다. 하지만 3학년이 되어서 6월에 평가원 시험을 보았는데 지엽적인 개념들이나 생소한 문제가 많이 나왔다. 점수가 떨어져서 고비를 맞긴 했지만 단권화 노트를 채우기에는 좋은 기회였다. 평소에는 보지 않았던 다른 지리 교재들을 구해서 시험에 출제된 문제 중 몰랐던 것들을 찾아서 공부했다. 그리고 그것들을 요약해서 단권화 노트에 첨가했다. 이 방법은 틀린 문제가 생겼을 때 언제든지 활용할 수 있다.

단권화를 하는 방법은 교과목마다 다르겠지만 위에 언급한 것은 대부분의 교과목에 통용될 만한 방법이다. 세부 과목별로 단권화를 하는 방법은 위의 방법을 바탕으로 Part4에서 다루는 과목별 공부 방법을 적용시키면 된다.

이렇게 단권화를 하면 자신만의 교재는 사실 2학년 때 거의 완성된다. 3학년이 되면 단권화 교재 이후 필요한 부분을 조금씩 추가하는 일만 바탕으로 공부하면 된다. 이는 내신뿐만 아니라 수능 공부를 위해서도 필요하므로 꼭 실천하도록 하자.

아직은 수능의 기본기를 닦을 때

2학년이 되면 많은 학생들이 수능 공부를 본격적으로 한다. 주위의 친구들을 둘러보았더니 제각각이다. 이미 따라잡을 수 없을 정도의 선행 학습을 끝내고 항상 전교 1등을 차지하고 있는 A군은 벌써 제2외국어 공부를 하고 있다. B군은 벌써 수학을 포기하고 언어와 외국어만 열심히 하고 있다. C군은 탐구영역만 잘해도 대학에 갈 수 있다며 탐구영역에 목숨을 걸고 있다. D군은 수시 모집으로 대학에 진학하겠다며 수시 모집 전형을 미리 준비하고 있었다.

이런 다양한 모습을 보면 많은 학생들이 흔들린다. A군처럼 선행 학습을 해야 될 것 같기도 하고, C군처럼 탐구영역이라도 해야 할 것 같기도 하다. 하지만 이 모두가 정답은 아니다. 2학년은 '아직' 그래도 기본기를 충실하게 닦을 시기이다.

기본기를 닦는 것은 티가 나지 않는다. 그래서 조급해지기 쉽다. 남들은 무언가 가시적으로 드러나는 공부를 하고 있는데 본인만 쓸데없는 것을 공부하는 것처럼 느껴지기도 한다. 하지만 명심하라. 기초가 탄탄하지 못한 건물은 결코 높게 쌓을 수 없다는 것을. 다른 시기도 마찬가지이긴 하지만, 특히 2학년 공부의 관건은 흔들리지 않고 자신의 공부를 하는 데 달려 있다. 주요 과목을 중심으로 자신이 부족한 부분을 집중적으로 공부해야 한다. 자신의 공부가 남들과 다르다고 걱정할 필요는 없다. 남들과 같은 것을 하면 그들과 같은 위치에 머무르게 될 뿐이다. 우리는 남들과 다른 것을 할 때에 비로소 그들과 다른 위치에 서게 된다.

학교에서 배우는 과목을 선택하라

탐구영역에서 자신이 수능에서 어떤 과목을 볼 것인지 정해야 한다. 2학년에 올라가면서 당장 정하는 것은 아니지만 2학년 1학기가 끝나기 전까지, 아무리 늦어도 2학년 겨울방학이 오기 전까지는 선택해야 한다. 탐구영역이 주요 과목에 비해서 비중이 낮고 범위가 제한적이긴 하지만 그렇다고 공짜로 점수를 받을 수 있는 과목은 아니다. 어느 정도 기본기는 다져놓아야만 3학년이 되어서 본격적으로 공부해서 성적을 올릴 수 있다.

그렇다면 과목을 어떻게 선택해야 할까? 이과는 상대적으로 선택이 쉽다. 8개 과목이 있긴 하지만 절반은 Ⅱ가 붙는 심화 과목이고 보통 학생들이 많이 선택하는 조합이 있다. 문과는 그보다 과목 수가 많은데 어떻게 해야 할까? 나는 학교에서 배우는 과목들을 선택하라고 조언하고 싶다. 학교에서 배우는 과목이 자신의 적성에 맞지 않는다면 어쩔 수 없지만, 그렇지 않다면 학교에서 배우는 과목들을 고르는 편이 시간을 아끼고 훨씬 도움이 된다. 내신에서 치르는 과목과 수능에서 치르는 과목이 다르면 공부를 이중으로 해야 한다. 어떤 과목은 내신을 위해서만 공부해야 하고 어떤 과목은 수능 시험을 위해서만 공부해야 한다. 단순히 수치상으로 계산해도 과목이 둘로 나뉘면 투자할 수 있는 시간은 과목당 반으로 줄어든다. 두 과목을 공부하는 것과 한 과목을 공부하는 것 중 어느 것이 쉬운 일인가는 쉽게 알 수 있다. 흥미가 없는 과목이라 할지라도 흥미 있는 과목의 두 배에 해당하는 시간을 투자한다면 더 좋은 결과를 얻을 수 있다.

그렇다고 선택이 너무 제한되어 있다고 생각하지는 말자. 학교에서 배우는 과목이 수능 때 선택하는 3과목이 넘을 수도 있고 반을 나누어서 따로 내신 시험을 볼 수도 있다. 그럴 때는 당연히 좀 더 흥미가 가는 과목을 선택해야 하지 않을까? 유의할 점은 출제 경향이나 응시자의 수에 너무 연연하지 말라는 점이다. 해마다 응시자 수는 다르고 문제의 난이도 또한 다르다. 특정 과목이 유리하고 불리하다는 기록은 과거일 뿐이다. 자신이 시험을 치를 때는 어떤 일이 벌어질지 아무도 모른다. 자신에게 맞는 선택을 하고 그 안에서 최선을 다할 뿐이다. 외적인 요소들을 너무 고려하다가는 과목 선택이 힘들어진다.

4

3학년,
바로 지금,
순간에 집중하라!

> " 긴장감을 가지고 공부하되 조급해서는 안 된다. 차분히,
> 천천히 공부하라. 조급하게 뛰어가다가는 많은 것을 놓
> 치게 될지도 모른다. "

실천할 수 있는
계획을 세워라

3학년이 되면 많은 학생들이 무리한 계획을 세운다. 잠을 4시간으로 줄이고 나머지 시간에 공부만 하겠다고 한다든지, 새벽에 일어나겠다든지 등등. 이래서는 곤란하다. 3학년이 되어서 바뀌어야 할 것은 정신력이지 생활 패턴이 아니다. 생활 패턴이 조금씩 바뀌는 것은 괜찮지만 무리한 변화는 공부에 지장을 줄 뿐이다. 고3이 되었다고 공부를 하지 않던 학생이 갑자기 하루에 10시간을 할 수 있을 것이라고 기대하지 마라. 몸은 변한 것이 없다.

긴장감을 가지고 공부하되 조급해서는 안 된다. 수능이 다가온다는 적절한 긴장감은 분명 도움이 된다. 평소에 항상 졸던 과목의 수업 시간에도 수능을 생각하면 긴장감에 잠이 깰지도 모른다. 그러한 긴장감을 가지고 차분히, 천천히 공부하라. 조급하게 뛰어가다가는 많은 것을 놓치게 되고, 결국은 다시 처음으로 돌아오게 될지 모른다.

수시 전형에
모든 것을 걸지 마라

수시 모집 인원이 점차 늘고 있다. 필자 개인적인 생각으로 수시 모집이 늘어난 이유는 각 대학교에서 학생들을 평가할 다양한 기준을 마련해 놓았기 때문이다. 예전에 수시 모집이라고 한다면 단순히 학생부만 보고 한 번의 면접 또는 논술만 보았지만 요즘은 자기소개서를 비롯해서 해야 할 것이 많다. 2015년 기준으로 전체 선발인원의 65.2%를 수시로 뽑는다고 하는 것을 보면 수시 모집의 위상을 실감할 수 있다.

그렇다면 이러한 수치는 수시 모집에 주력해야 한다는 의미일까? 나는 지원은 해야겠지만 전부를 걸어서는 안 된다고 생각한다. 수시 모집은 양날의 검이다. 합격만 한다면 입시에 대한 부담감을 줄일 수 있다. 대학에 들어가기 전 남들보다 시간도 더욱 많이 가질 수 있다. 하지만 떨어질 경우 사용한 시간의 낭비와 정신적 충격은 수능 성적을 떨어뜨리는 요인으로 작용할 수 있다.

현명하게 수시를 지원하는 방법은 자신을 파악하고 지원하는 원칙을 따르는 것이다.

첫째, 자기 성적에 대한 판단이 필요하다. 현재가 3학년 초라고 가정하면 이미 자신의 성적은 알고 있을 것이다. 그리고 여기서 더 올라갈지 내려갈지 아니면 유지될지에 대한 판단이 필요하다. 모두 올라간다고 믿고 싶겠지만 그것은 자신이 공부한 것을 보고 지금까지의 성적 흐름을 보고 냉정히 판단할 일이다. 성적이 계속 오를 것 같다면 수시 모집보다는 정시 모집을 통해 더 좋은 곳에 갈 수 있다는 결론이 도출되므로 수시 지원을 최소화하거나 상향 지원을 고려해보아야 한다.

둘째, 지원할 대학 숫자를 정해야 한다. 일정한 숫자 이상은 독이 될 수 있다. 대학별로 수시 모집 전형이 다 다른데 그것을 다 준비할 시간은 제한적이다. 나는 2~3개 정도가 적합하다고 생각한다. 합격해도 가고 싶지 않은 곳, 냉정히 보았을 때 합격 확률이 희박한 곳, 준비할 것들이 너무 많은 곳 등을 피해서 자신의 실력에 적합한 몇 군데 정도만 지원하고 확실히 준비해서 합격 가능성을 높이는 것이 낫다.

수시 모집을 위해 필요한 능력(어학, 논술, 면접)에 대한 준비는 미리 해야 할 것이다. 이러한 것들이 하루아침에 준비되지는 않으니 말이다. 하지만 수시 모집 자체에 대한 기대를 미리 할 필요는 없다. 시기가 되면 목표한 곳에 지원하고, 안 되면 성적을 올려서 정시로 더 좋은 곳에 가겠다는 마인드가 필요하다.

나는 수시 모집을 한 군데만 지원했다. 서울대 지역균형 선발전형은 성적이 안되서 쓸 수가 없었고 고려대 한 군데에 넣었다. 그것도 다른 공부에 부담을 주지 않으려고 특별한 자기 소개서도 요구하지 않고, 수능이 끝난 뒤에 논술을 치르는 곳에다 집어 넣었다.

3학년은
2학년 겨울방학부터다

       고등학교 2학년 겨울방학부터는 제3기에 해당한다. 학년으로 따지면 고3이다. 정식 학기로 고등학교 3학년 개학을 하고 난 뒤는 늦다. 고등학교 2학년 겨울방학부터 이미 고3이라는 마음으로 공부해야 한다. 겨울방학이 오기 전 11월에 윗 선배들이 수능을 치르고 나면 자신들의 수능 날짜는 1년도 남지 않게 된다.

  겨울방학이라고 조금 놀아도 된다고 생각한다면 다음 해에 대학 입학을 준비하며 겨울방학을 맞이할 수 없을지도 모른다. 겨울방학 때는 고3이 되기 위한 준비를 끝내야 한다.

  우선 중요한 것은 주요 과목에 대한 공부이다. 고2의 겨울방학이 지나고 나면 더 이상 한 과목에 집중적으로 투자할 수 있는 시간을 마련하기 힘들다. 촌각을 아껴가며 자신의 약한 부분을 공부해야 한다. 그리고 겨울방학이 끝날 즈음에는 단권화 노트도 어느 정도 완성을 보여야 할 것이다. 그것이 교과서든, 참고서든, 노트든 상관없다. 필요하다면 언제든지 찾아볼 수 있는 과목별로 정리된 자신만의 비밀 무기가 하나쯤은 있어야 한다. 오답노트 작성도 해야 하고 틀린 문제가 정리되어야 한다. 단권화 노트와 오답노트를 보면서 자신이 2학년 때 무엇을 공부했고 어떤 부분이 부족한가를 파악할 수 있어야 한다. 그래야 겨울방학 때 집중적으로 공부할 수 있고 나아가 3학년 때 어떤 방향으로 공부를 진행해야 할지를 알 수 있다.

지금까지 공부한 것을 믿어라

3학년이 되어 공부하다 보면 자신의 성적 방향은 자신만이 알 수 있다. 3학년 첫 모의고사 성적이 수능 성적이라는 헛소리를 믿지 말고 자신이 공부한 것을 믿어야 한다. 왜 그러한 낭설이 떠도는지 모르겠지만 개학하고도 성적이 오를 가능성은 많다.

첫째, 공부의 밀도가 높다. 1, 2학년 때 아무리 열심히 공부한다고 하더라도 진짜 고3이 하는 것처럼 하기는 힘들다. 고3이 느끼는 압박감과 입시에 대한 열정은 그 시기를 겪어본 사람만이 알 수 있다.

둘째, 지금까지 쌓아왔던 것이 고3이 되어서 나타나는 경우가 많다. 나도 그랬고 주변에서 성적이 급작스럽게 변하는 경우를 많이 볼 수 있었다.

셋째, 탐구영역이라는 변수가 남아 있다. 탐구영역이 쉽다고 하지만 의외로 고전을 면치 못하는 학생들이 많다. 반대로 주요 과목에서는 별로였을지라도 탐구영역을 집중적으로 공부하면서 성적을 많이 올리는 사람들도 있다. 주요 과목이 중요하지 않다는 말이 아니라,

탐구영역은 모두 고3 때 집중적으로 하는데 사람마다 그 편차가 있다는 말이다.

막연히 성적이 오를 것이라 기대하지 말고, 자신이 쌓아놓은 것이 확실하다면 확신을 가져라. 성적은 주사위 놀이를 하지 않는다. 내 모의고사 수학 성적은 2학년 내내 60~70점대였다. 보통 70점대를 유지했고 시험이 조금 어렵거나 하면 60점대로 떨어졌다. 80점대로 올라갔던 적은 없다. 2학년 내내 성적이 그러했다. 하지만 조급해하거나 좌절하지는 않았다. 『정석』을 5회 정도 풀면서 성적이 올라갈 기초가 마련되어 있다고 확신했었다. 결국 결과는 마지막 모의고사에서 나타났다. 수학 공부가 어느 정도 수준에 이르렀다고 판단한 후 마지막 모의고사 전에 유형별 문제를 풀었다. 개념적 바탕은 확실히 되어 있었기에 문제 하나하나가 쏙쏙 들어왔고, 문제를 풀면서도 좋은 결과가 나올 것이라는 확신이 들었다. 채점 결과는 100점. 기대하지도 않았던 점수였다. 70점을 맞던 내가 바로 100점을 맞을 것이라고 기대할 수 있겠는가? 나 자신조차도 기대하지 않았는데 말이다. 그리고 3학년 때는 영어 성적도 오를 것이라고 확신했다. 내가 부족했던 부분이 영어 듣기여서 그 부분을 매일 열심히 하고 있었다. 영어 듣기 할 시간에 다른 공부를 하겠다고 말하는 사람도 있었지만 신경 쓰지 않았다. 내가 부족한 부분이 무엇인지 알고 있었고 이것만 연습한다면 확실하게 성적이 올라갈 것이라는 믿음이 있었기 때문이다.

후회만 안 남기면
성공이다

　　　　　　　　주위를 보면 나보다 좋은 성적을
거두고도 미련을 가지는 사람이 있는가 하면 나보다 좋지 않은 성적
을 거두고도 만족하는 사람도 있다. 내가 고등학교 시절로 다시 돌아
간다고 하더라도 그때보다 더 열심히 할 수는 없을 것 같다. 후회 따
위는 없었다. 내가 만든 결과가 절대적으로 최고는 아니었지만 열심
히 노력해 이룰 수 있는 최상의 결과였다고 생각한다.

　지금 하는 행동이 나중에 후회로 남을지 아니면 최고의 순간으로
기억될지 생각해보길 바란다. 많은 학생들이 입시가 끝나고 가장 많
이 후회한다. 모두가 '다시 한 번만 기회가 주어진다면 잘할 수 있을
텐데……' 라고 말한다. 더러는 재수의 길을 택하기도 한다. 생각해
보면 재수를 택하는 학생들도 결코 성적이 나쁜 학생들이 아니다. 남
들이 보기에는 좋은 결과를 거두었음에도 재수를 선택하는 이유는
후회가 남기 때문이다. 그런 점을 생각한다면, 입시가 끝나고 후회가
남지 않은 사람은 성공했다고 말할 수 있다.

내신 공부 시간을 조절하라

　　3학년 때 내신도 중요하지만 1학년 때만큼 시간을 쏟아부어서는 안 된다. 1년간의 내신 시험 일정을 보고 계획을 미리 세워야 한다. 1년간의 계획을 수능 위주로 잡되 중간에 내신 시험이 있는 기간을 보고 미리 계획을 세워 날짜를 끼워 넣어야 한다.

　1학기 때는 이 조절이 그나마 원활하다. 내신 시험에 투자할 시간이 꽤 나온다. 하지만 2학기가 되면 정말 시간이 없다. 공부할 시간을 줄이되 절대 기본 실력으로 보겠다는 생각은 하지 말아야 한다. 특히 3학년 2학기 기말고사를 거의 버리는 학생들이 많은데 그것은 곤란하다. 2학기 기말고사가 학교별로 다른데 수능 거의 직전에 치르는 학교도 있고 아니면 아예 수능을 본 후 치르는 학교도 있다. 전자의 경우는 시간이 없다고 버리고, 후자의 경우는 다 끝났다는 해방감에 공부를 안 하기도 한다. 하지만 내신은 3학년 2학기 끝날 때까지 기록된다는 점을 명심해야 한다. 그리고 특히 남들이 공부하지 않을 때 하면 성적이 더욱 잘 나온다. 필자는 3학년 2학기 때 가장 적은 시간을 공부하고 가장 좋은 내신 성적을 거두었다. 수능 직전이라 많은 수의 학생들이 거의 공부를 안 했기 때문이다.

앞에서 공부는 상대적이고 현실적인 게임이라고 한 것을 기억하는가? 학교 내신 시험은 주변의 학생들보다 조금만 더 잘하면 되는 상대적인 게임이다. 그래서 그 조금의 차이를 유지할 수 있을 정도로만 시간을 배분하고 나머지는 수능 공부로 돌렸다.

진로 방향을 결정하면 무조건 달려라

공부 시간을 조절할 때, 과목별로 비중이 달라야 함은 물론이다. 그리고 앞에서 수시에 목숨을 걸지는 말라고 했지만, 수시 전형을 노리는 학생들은 내신에 집중해야 한다. 보통 수시 전형이라고 하면 3학년 1학기까지의 성적이 들어간다. 자신이 수시 전형을 염두에 두고 있다면 가고자 하는 대학에서 특별히 보는 과목들은 다른 과목 공부 시간을 줄여서라도 내신 성적을 잘 받아 놓아야 한다. 예를 들어 과학 특기자로 대학에 입학하고자 한다면 문학이나 외국어 공부 시간을 줄이더라도, 수학과 과학은 반드시 좋은 성적을 거두어야 한다.

비슷한 내신 석차를 가지고 있었음에도 불구하고 입시 결과가 판이하게 다른 경우가 종종 있다. 특히 수시에서 그 경향이 두드러지는데, 학교별로 보는 과목이 다르고 수시 차수별로 요강이 다르기 때문이다. 성적보다 대학을 잘 갔다고 느껴지는 학생은 운이 좋아서가 아니라 내신에 그만큼 특화된 부분이 있기 때문이다. 내신 석차가 비슷하다는 것은 평균이 비슷하다는 말일 뿐이지, 세부 내용도 비슷하다는 말은 아니다. 자신이 필요한 과목에 집중해서 내신 성적을 획득했다면 남들과 비슷한 성적일지라도 더 좋은 곳에 진학할 수 있다.

정시 모집을 생각한다면 수업시수가 높은 과목에 조금 더 많은 공부 시간을 쏟아붓는 것이 현명하다. 이러한 과목별 집중 전략은 내신 공부를 할 때 항상 요구된다. 하지만 저학년일 때는 굳이 나머지 과목들을 버릴 필요가 없다. 내신 공부할 시간이 넉넉하기 때문에 주요 과목도 하고 나머지 과목도 잘해야 한다. 하지만 3학년 되어서 촉박해지면 이런 전략이 효과를 발휘한다. 당장에 산출되는 평균을 기대하기보다는 후에 나오는 결과를 생각하고 공부해야 한다.

고3용 시간표를
다시 짜라

　　　　　　　　　　　　　　내신 공부 시간을 줄이라고 하였다. 그런데도 성적은 유지해야 한다. 성적을 떨어뜨리면서 다른 공부를 하라는 말이 아니다. 고3 정도 되면 자신만의 공부 교재가 있어야한다. 어떤 과목을 공부한다고 하면 기본이 되는 교재, 즉 자신이 가장 자신 있게 볼 수 있는 교재가 있어야 한다는 말이다.

　문제풀이에 집중하기 위해서는 개념과 이론을 공부할 시간을 줄여야 한다. 이때 필수적인 것이 자신의 언어로 정리된 요약집이다. 비록 모든 내용이 들어 있지는 않더라도 자신이 중요하다고 생각하는 내용이 들어 있는 단권화된 요약집을 보면 내신 공부 시간을 많이 줄일 수 있다. 2학년 때 단권화 노트를 만들지 않았다면 그냥 사용하던 교과서와 공책을 활용하라. 거창하게 단권화 노트라고 했지만 자신에게 필요한 내용이 들어 있는 것이면 무엇이든 상관없다. 나는 사회탐구 4과목 전부, 단권화 노트로 교과서를 이용했다. 대신 중요한 단원에는 목차에 표시를 해놓고 형광펜과 빨간색 볼펜으로 중요한 부분은 따로 표시를 했다. 그리고 필요한 내용은 책 안에 적어 놓고 부족한 것은 포스트잇을 붙이기도 했다.

　반드시 수능까지 남은 달을 세고, 달을 다시 주로 나누어서 한 주를 순환주기로 공부 계획을 세워야 한다. 고3은 공부할 양이 많다. 한 번에 다 공부할 수 없다면 적당히 시간을 배분하는 것이 중요하다. 별 계획 없이 공부하다 보면 쏠림 현상이 나타난다. 그리고 편중을 넘어서 아예 누락되는 과목도 생긴다. 우선순위를 머릿속으로만 정하면 덜 중요한 과목들의 하한선까지 침범하게 된다.

　계획을 세워서 흔들림을 방지하라. 그렇지 않으면 자신이 하고 싶은 과목만 공부하게 된다. 그보다는 필요한 과목을 공부해야 한다. 시간이 지나면 계획이 얼마나 실현되었는가를 확인해야 한다. 자신의 잘못으로 지키지 못한 계획은 반성하고 너무 무리해서 짠 계획은 수정해야 한다. 누누이 말하지만 남의 계획을 따라가지는 마라. 자신에게는 스스로 세운 계획이 필요하다. 조언을 받는 것은 괜찮지만 계획은 자신이 만들어야 한다. 공부도 본인이 하고 시험도 본인이 보지 않는가.

　다음은 고3, 2학기 때 내가 짠 학습 플래너이다. 100% 지키지는 못했지만 100% 지키려고 노력했으며 95% 이상은 달성했다.

| 학습 플래너 | ✎

	월	화	수	목	금	토	일
6~7시	기상, 씻고 학교 갈 준비					학교로 통학, 공부할 준비	
7~8시	7시에 통학버스, 25분에 학교 도착, 오는 중 영어듣기						
	8시 20분 수업 시작하기 전까지 영어 단어 복습, 그날의 단어 단어장에 적고 외우기. 중간에 조례					언어 모의고사 풀기(듣기 포함), 해설(8:00~10:10)	
8~9시	1교시(8:20~9:10) 수업에 충실, 자습이면 그날의 할 일						
	쉬는 시간, 영어 단어 복습. 단, 앞 시간이 사탐일 경우 수업 복습						
9~10시	2교시(9:20~10:10)						
	쉬는 시간, 영어 단어 복습. 단, 앞 시간이 사탐일 경우 수업 복습					쉬는 시간 10분 휴식	
10~11시	3교시(10:20~11:10)					수리 모의고사 풀기, 해설 (10:20~12:00) 해설 시간 부족하면 점심 시간에 확인	
	쉬는 시간, 영어 단어 복습. 단, 앞 시간이 사탐일 경우 수업 복습						
11~12시	4교시(11:20~12:10)						
12~1시	점심시간(12:10~1:00) 점심식사10분, 양치5분, 35분간 제2외국어 한문공부					점심 식사(12:00~1:00)	
1~2시	5교시(1:00~1:50)					외국어 모의고사 풀기(듣기 포함)해설(1:00~2:30)	
	쉬는 시간, 한자 외우기						
2~3시	6교시(2:00~2:50)						
3~4시	청소 시간, 청소하면서 영어 듣기, 청소 끝나면 한자 외우기					사탐 공부, 지루하지 않게 30~50분씩 돌아가면서 다른 과목 공부	
	7교시(3:10~4:00)						
4~5시	쉬는 시간, 한자 외우기						
	8교시(4:10~5:00)						
5~6시	쉬는 시간, 한자 외우기						
	자습시간, 우선순위 할 일, 그날 배운 사탐 과목 복습					저녁 식사 밖에서 (5:30~6:30)	
6~7시	저녁 식사 시간, 식사 10분, 5분만에 가방 싸서 정독실로 이동, 양치 5분 하고 공부할 준비. 미리 조용해지면 1교시 언어영역 시작					제2외국어 공부	
7~8시	자습 1교시 언어 – 모의고사 한 회 풀기(듣기 제외), 2교시 조금 사용					사탐 모의고사 문제풀기, 과목당 20분+해설7.5분	
8~9시	자습 2교시 – 언어 10분 내로 마무리 하고 바로 시작 외국어 – 모의고사 한 회 풀기(듣기 제외)						
9~10시	자습 3교시 수학 – 모의고사 어려운 문제만 골라서 풀기. 1시간 안에 다 풀 수 있도록					하루 마무리(시간 부족했던 것 하기 또는 오답노트)	
10~11시	통학버스 타고 집으로. 10시 35분에 집에 도착					버스 타고 집으로. 11시쯤 집에 도착(버스 안에서 영어 듣기)	
	25분만에 씻고 다음날 가방 챙기기						
11~12시	EBS 영어 듣기 1회, 30분간 듣고 취침					씻고 자기, 11시 30분	
	잠						
비고	그날의 할 일 : 학교 수업 시간 중 자습 시간이 생기면 할 우선순위, ①사회탐구 문제집 풀기 ②외국어영역 독해 문제집 풀기 ③영어 단어 외우기 ④한자 외우기 ⑤한글 맞춤법 유의사항 보기						

※ 자세한 작성 원칙은 Part 5 '일주일 단위로 생각하라' 부분에 수록되어 있다.

공부하는 것만큼
자기 관리도 중요

공부를 잘하는 요령에는 철저한 자기 관리도 포함되어 있다. 자기 관리에는 건강, 친구 관계 등 자신과 관련된 제반 사항이 다 포함된다. 공부를 하려면 책상에 앉아 있어야 하지만, 공부를 잘하려면 최상의 컨디션으로 책상에 앉아 있어야 한다. 최상의 상태를 유지한 채로 공부한 것과 이것저것 스트레스를 받은 채로 공부한 것은 분명 차이가 난다.

나에게는 고등학교 때 자주 몸이 아파 공부를 쉬엄쉬엄해야 했던 시기가 있었다. 그때는 공부를 해도 큰 효율을 올리지 못했다.

수능이 가까워질수록 자기 관리는 더욱 중요하다. 수능이 얼마 남지 않은 시기라면 이미 성적은 어느 정도 정해져 있다. 공부를 한다고 눈에 확 띌 정도로 변동이 생기지 않는다는 말이다. 이때 중요한 것은 자신의 실력 내에서 최대의 성과를 내는 것이다. 컨디션에 따라서 자신의 실력보다 좋은 점수를 받을 수도 있고 나쁜 점수를 받을 수도 있다. 이는 운과는 별개의 문제이다. 컨디션 관리는 전적으로 본인에게 달린 문제이기 때문이다.

보통 모의고사 점수의 격차는 좁혀지지 않고 더 커질 뿐이다. 지금까지 '하면 된다'고 믿고 달려왔다면 결과가 어떠한가? 중학교 때 성적의 차이가 점점 좁혀졌던가, 아니면 더 커졌는가? 그리고 고등학교에 와서 보니 성적의 차이는 커졌는가, 좁혀졌는가? 학생들 사이의 격차는 커진다. 공부를 하는 학생은 더하고 하지 않는 학생은 계속 덜하기 때문이다. 이는 대학에 진학하고 비로소 사회에 나아가면 더욱 심하게 나타나는 현상이다.

생각해보면 당연하다. 공부를 제대로 하는 요령을 터득하고 문제집을 풀면서 실전 감각을 익히면 실력이 금방 올라간다. 그리고 한번 이 흐름을 타면 계속 반복된다. 2학기가 되면 상위권과 중위권의 성적차가 벌어지는 가장 큰 이유가 실전 연습 기회에 있다. 상위권 학생들은 개념 정리가 다 끝나서 실전 연습만 계속 한다. 게다가 몇 문제 틀리지 않기 때문에 피드백에 걸리는 시간도 적다. 하루의 대부분을 실전 연습에 투입한다고 해도 과언이 아니다. 나는 흔히 말하는 '양치기'(문제집 양으로 승부하는 공부법)를 하려고 했던 것이 아니라 그냥 문제집을 풀고 확인하고 했는데, 계속 문제를 풀다 보니 고3 여름방학 때는 과목별로 한 권씩 일주일에 문제집을 7권 가량 풀었다.

그렇다면 상위권에 이르지 못한 학생들은 포기해야 하나? 결코 아니다. 그래도 고3이 이러한 격차를 좁힐 수 있는 마지막 기회라고 생각한다. 정말 피를 토하는 마음으로 공부해서 성적을 올리겠다고 마음먹어야 한다. 지금 격차가 조금 벌어지는 것이나 따라잡지 못하는 것은 그리 큰일이 아니다. 하지만 그 격차 때문에 나중에 인생의 격차가 생길 수 있음을 알아야 한다. 성적이 좋은 학생이 멋진 인생을 산다는 말이 아니다. 보통 성적이 좋다는 것은 열심히 했다는 것이고 어떤 일을 하더라도 열심히 하기 때문에 좋은 결과로 이어진다는 말이다.

이 격차를 메워볼 생각이 들지 않는가? 앞으로의 인생에 고3만큼 열심히 공부할 시기는 그리 많지 않다. 최선을 다한다면 언젠간 자신보다 위의 등수에 있는 친구와의 격차가 좁혀질 것이다.

일주일에 한 번, 모의고사를 보아라

무협영화를 보면 주인공이 어릴 때 칼 쓰는 법을 배우는 장면이 나온다. 칼 쥐는 법도 배우고 온갖 화려한 이론도 배우며 상상 속에서 멋진 화려한 칼질을 꿈꾼다. 하지만 막상 볏단을 놓고 칼질을 하면 쉽지 않다. 이론과 실전은 다른 법이다. 아무리 머릿속으로 잘 알고 있다 해도 막상 현실에서 하면 결과는 별로 신통치 않다.

열심히 이론을 공부한 것과 수능 문제를 푸는 것도 마찬가지이다. 이론을 다 안다고 해서 수능 문제를 풀 수 있는 것은 아니다. 요령으로 맞출 수 있는 문제도 있고 정형화된 답이 정해져 있는 문제도 있다. 이론을 조금 꼬아서 낸 문제도 있다. 칼잡이는 볏단을 베어봐야 실력이 느는 법이다. 학생이라면 실전 문제를 많이 풀어보는 것이 답이다. 수능과 비슷한 모의고사 문제를 푸는 연습이 필요하다.

고3이 되면 정기적으로 학교에서 실시하는 모의고사 외에도 더 필요한 것이 있다. 이론이 일정 수준에 올랐다면 볏단을 많이 썰어본 칼잡이가 실력이 좋은 것은 당연한 이치이다.

그렇다면 어떻게 해야 할까? 원칙과 방법을 알아보자.

첫 번째 원칙 시간을 엄격하게 재면서 푼다. 실전 연습한다는 의미를 최대한 살리려면 시간제한이 엄격해야 한다. 시간을 재고 그 안에 다 풀지 못한 문제는 과감히 틀렸다고 해야 한다.

두 번째 원칙 한 번에 다 푼다. 수능은 하루 종일 길게 보는 집중력의 싸움이다. 하루에 한두 과목씩 따로따로 푸는 것은 연습이 되질 않는다.

세 번째 원칙 채점은 정확하게 한다. 실수로 틀린 문제, 마킹을 잘못한 문제를 맞았다고 하는 일이 생겨서는 안 된다. 실수로부터 배워야만 다음에는 같은 실수를 반복하지 않는다.

하루를 택해서 혼자 하는 방법과 여럿이 하는 방법이 있다. 토요일이나 일요일이 좋다. 누구에게도 방해받지 않는 시간을 하루 종일 확보할 수 있는 날이어야 한다.

혼자보다는 여럿이서 하는 것이 장점이 많다. 시간의 엄격함도 보장되고 점수도 비교해 볼 수 있다. 모의고사 난이도가 어땠는지를 평가할 수도 있고 틀린 문제에 대해서 토론해 볼 수도 있다. 하지만 혼자 하는 것도 괜찮다. 혼자 할 경우 실시 시기를 좀 더 융통성 있게 조절할 수 있다.

추천하는 횟수는 여름방학 전에는 한 달에 한 번이다. 학교에서 보는 모의고사가 있다면 그 달은 건너뛸 수도 있겠지만, 한 달에 한

번 정도 추가로 실시한다면 더욱 좋다.

나는 여름방학 후반부터는 2주에 한 번씩 풀었다. 앞에 나온 플래너에서 보았듯이 여름방학이 끝나고는 좀 무리해서 1주일에 2회를 풀려고 노력했다. 하지만 굳이 그렇게 무리할 필요는 없다.

전 과목을 다 하는 것이 부담스럽다면 한 달에 한 번은 모의고사 전체를 하고, 한 번은 주요 과목만 하는 방법도 괜찮다. 융통성 있게 조절해야 한다. 무리해서 모의고사를 풀다보면 다른 공부할 것이 밀릴지도 모른다. 모의고사는 풀고 끝이 아니기 때문이다. 틀린 문제를 확인하며 중요한 문제는 오답노트에 첨가하고 모르는 개념은 다시 공부해야 한다.

모의고사를 볼 때 무엇보다 실전처럼 임하는 마음가짐이 중요하다. 학교에서 실시하는 것 이외에 따로 모의고사 연습을 최소 한 달에 한 번 정도만 실전처럼 연습한다면 실전에 들어가서도 큰 긴장감을 느끼지 않을 것이다.

수능이 가까워 오면 문제집은 넘칠 정도로 많이 나온다. 그중에서 어떤 것을 골라서 풀 것인가는 자신의 선택이다. 평가원에서 중요하다고 하는 EBS 문제집은 공통으로 다 구입해서 풀어볼 것이다. 그리고 인기 있는 문제집도 사서 풀어볼지도 모른다. 그렇다면 그 뒤의 선택은 어떻게 해야 하나? 정해진 답은 없다. 자신의 입맛이 아니라 실력에 맞추어서 골라야 한다.

너무 어려운 문제집이나 너무 쉬운 문제집은 피해야 한다. 수능을 앞두고 좌절감을 얻는 것은 전혀 도움이 되지 않고, 그렇다고 쉬운 문제만 풀어서 계속 100점을 받는다면 안이하고 나태한 생각을 가지게 되기 때문이다.

PART 4

과목별 공략법을
제대로 알자

$a^2 + b^2 = c^2$

언어영역, 한 번 올려두면 내려가지 않는다
수리영역, 공식만 외워서는 실패한다
외국어영역, 수능만을 볼 것인가
탐구영역, 마지막 역전의 기회
제2외국어, 짬 내서 점수 올려라
논술, 현재 수준에서 생각하라

1

언어영역,
한 번 올려두면
내려가지 않는다

"언어는 전(全) 과목이 대상이다. 언어영역을 잘 한다는 것은 남들보다 어휘를 많이 알고 정확한 문법을 구사한다는 뜻이다. 그러므로 다양한 분야에서 다독(多讀)하는 습관을 들여야 한다."

모든 과목에서
언어영역을 공부하라

언어는 전(全) 과목이 대상이다. 언어영역에서 출제될 수 있는 문제 범위는 제한이 없다. 한글로 되어 있다면 모든 것이 언어의 출제 대상이 된다. 언어 과목을 배운다는 것은 전 과목을 배우는 일이다. 반대로 다른 과목을 공부하는 것 역시 언어 과목을 공부하는 것이다.

언어영역은 사실, 추론, 비판, 창의적 사고 등 대학에서 필요한 언어적 사고 능력을 측정하는 것에 역점을 두되, 어휘와 어법 관련 내용도 들어간다. 지문은 인문ㆍ사회, 과학ㆍ기술, 문학ㆍ예술, 생활ㆍ언어 등 다양한 분야에서 뽑아 독서 체험의 폭과 깊이를 측정한다. 평소 수업에 충실하고 독서 체험이 풍부한 학생이면 충분히 답을 할 수 있도록 출제된다.

언어영역은 국어를 잘 사용하는 사람이 문제를 잘 풀도록 되어 있다. 여기서 국어를 잘 사용한다는 말은 일상의 말을 잘한다는 뜻이 아니고 남들보다 어휘를 많이 알고 정확한 문법을 구사한다는 뜻이다.

언어는 어떻게 공부하고 성적을 올려야 하는가? 많은 학생들이 성적이 잘 오르지 않는다고 한다. 언어영역이 점수가 잘 오르지 않는 큰 이유는 언어 성적이 지금까지 누적된 결과물이기 때문이다. 다른 교과목은 물론 기초가 필요하긴 하지만 고등학교에서 배운 것으로 시험 본다. 그러나 언어 과목은 앞서 누적된 양에 더 큰 영향을 받는다. 고등학교에 들어올 때 이미 누적된 언어 실력은 학생들 사이에 상당한 격차를 보인다. 그래서 언어 성적은 그대로 유지되는 성향이 강하다. 한 번 잘 쌓아 놓은 학생은 언어 공부를 유달리 하지 않아도 웬만하면 성적이 떨어지지 않는다. 반대로 한 번 낮은 성적을 받으면 죽어라 공부해도 성적이 잘 올라가지 않는다.

그렇다면 어떻게 해야 할까? 답은 언어만 공부해서는 안 된다는 것이다. 언어가 전 과목이 대상이라서 다른 과목을 공부하는 것 자체가 언어 공부가 된다면 다른 과목을 할 때 언어를 함께 공부해야 한다. 예를 들어 보자. 수학이나 과학 교과서에는 논리의 흐름을 따라가는 문장 구성이 많다. 수학이나 과학 교과서를 주의 깊게 읽는 것은 그 과목을 공부함과 동시에 언어적 논리력을 공부하는 것이다. 교과서를 읽을 때 타당한 논리적 구성을 따르고 있는지 생각해보는 것이 바로 언어 공부다.

그리고 사회 과목은 줄글이 많고 논리적 흐름보다는 사실 전달과 사실에서 파생되어 나오는 해석이 많다. 즉, 사회 교과서를 보면서 다양한 내용을 접할 수 있다. 언어 능력이란 사고를 바탕으로 하는데, 아는 것이 많아진다는 것은 사고를 확장하고 언어 능력을 키우는 것이다. 긴 글을 읽으면서 각 문단에서 말하는 바가 무엇인지를 파악하는 것은 비문학 문제를 푸는 것과 다를 바가 없다.

많은 학생들이 언어 공부를 단순히 문제집 푸는 것이라고 알고 있다. 하지만 핵심은 그것이 아니다. 언어 문제는 보통 지문을 바탕으로 해서 풀게 되어 있다. 지문을 읽는 능력이 안 된다면 언어 문제를 제대로 풀 수 없다. 지문을 읽는 능력은 언어 공부를 하면서만 익히는 것이 아니다. 하루에 기껏 2~3시간 언어 공부를 한다면 지금까지 쌓아온 언어 능력 위에 얼마나 더 쌓일까? 모든 과목을 공부할 때 언어를 공부한다는 생각으로 임해야 한다. 언어를 공부할 때는 문단을 나누고 어법이나 어휘를 따지면서 다른 교과서를 볼 때는 문단 구분도 하지 않고 대충대충 읽고 중심 내용도 생각해보지 않는다면 제대로 언어 공부를 한다고 할 수 없다. 오히려 다른 과목을 공부하면서 언어 공부를 망치고 있는 것일지도 모른다.

 # 1, 2학년 때는 독서,
3학년 때는 칼럼

언어영역에 보다 익숙해지기 위해
서는 다양한 유형의 글을 접해 보아야 한다. 문학 파트를 위해서 다
양한 소설, 시, 수필, 극문학 등을 접해야 하고 비문학을 위해서는 인
문·사회, 과학·기술, 문학·예술, 생활·언어 등 다양한 장르의 글
을 읽어야 한다.

아무리 언어영역이 주어진 것을 바탕으로 문제를 푸는 과목이라
고 해도 배경 지식이 어느 정도 있는 것과 없는 것은 전혀 다르다. 가
령 비문학에서 양자역학과 관련된 지문이 나왔을 때, 문과 학생이 한
번 읽었을 때 이해할 수 있는 정도와 물리Ⅱ를 공부하고 있는 학생이
한 번 읽었을 때 이해할 수 있는 수준은 분명 차이가 난다. 반대의 경
우도 마찬가지다. 이를테면 르네상스 시대의 역사 관련 지문이 나왔
을 때 세계사를 배우고 있는 학생과 그렇지 않은 학생의 차이는 틀림
없이 존재한다.

하지만 지문에 등장하는 모든 주제를 섭렵할 수 없다. 다만 할 수
있는 일은 최대한 다양한 주제의 글을 접해보는 것이다. 반드시 언어

영역 문제집에 수록된 글만이 아니라 신문이나 현대소설, 인터넷에 올라온 칼럼이나 좋은 글도 괜찮다.

언어를 잘하기 위해서는 다독(多讀)해야 한다. 하지만 단순한 다독이어서는 안 된다. 다양한 분야에 걸친 다독이어야 한다.

나는 1, 2학년 때 다양한 방면에 걸쳐 독서하려고 시도했다. 한국 문학 단편선부터 시작해 외국 고전 단편소설, 그리고 기타 유명한 작품들과 쉽게 읽을 수 있는 수필집도 일부 읽었다. 그러다 3학년이 되자 제대로 책을 읽을 시간이 없었다. 그래서 선택한 방법이 수많은 책들은 다 보지 못하더라도 최소한 신문의 칼럼을 읽는 것이었다. 오늘 읽은 신문 기사 하나가 얼마든지 문제로 등장할 수 있다. 한 가지 신문이라고 하더라도 칼럼은 한 사람이 매일 글을 쓰는 것이 아니라 여러 교수들이나 권위 있는 사람들이 돌아가면서 다양한 분야에 걸쳐 글을 쓴다. 그리고 사회적 이슈도 많이 언급하면서 그에 대한 견해를 제시하기 때문에 칼럼만 꾸준히 읽어도 다독의 효과를 누릴 수 있다.

또한 사고가 한쪽으로 치우치지 않기 위해 성향이 전혀 다른 두 가지 신문을 동시에 받아보았다. 그 결과 같은 사건에 대한 전혀 다른 두 시각을 동시에 볼 수 있었다. 이것은 사고의 균형을 잡는 데 큰 도움이 되었다.

언어는 정확한 독해가 가장 최우선이다

여타의 과목이 그렇듯, 언어 역시 공부하는 순서는 개념부터다. 대충대충 글을 읽고 문제를 풀어서 승부를 보겠다고 하는 태도는 좋지 않다.

언어에도 하위 항목들이 다양하고 분야별로 공부법이 다르다. 지루하겠지만 언어도 이론서를 한 권 정도는 봐야 한다. 내용을 굳이 외우지 않더라도 최소한 언어영역이 어떤 방식으로 구성되어 있는가는 파악해야 한다. 문제를 푸는 것은 그 다음이다.

언어영역을 접할 때 가장 중요한 것은 무엇일까? 정해진 시간 안에 문제를 푸는 것도 중요하지만, 가장 중요한 것은 역시 정확하게 푸는 것이다. 사실 많은 학생들이 언어영역에서 시간이 부족하다고 말한다. 예전에는 언어영역의 문제 수도 더 많았다(60문제). 그리고 문제 난이도도 훨씬 어려웠다. 언어영역 때문에 자살하는 학생도 있었고, 학생들에게 언어영역이 큰 부담인 것을 인지한 탓인지 문항 수는 줄었고 난이도도 점차 쉬워지는 추세이다. 필자보다 조금 윗세대의 이야기를 들어보면 언어영역을 제한 시간 내에 다 푸는 것 자체가 이미 언어 실력을 검증하는 것이라 하였다.

　나는 2학년 초에 언어 독해를 할 때 1시간에 비문학 지문 3~4개 정도밖에 읽지 못했다. 천천히 글의 내용을 이해하고 문단별로 분석하는 데 주력했다. 그리고 필자가 놓치고 있는 부분이 무엇인가를 파악하는 데 힘썼다.

　언어영역은 한 지문당 여러 문제가 주어진다. 자신의 오답률이 높다면 좀 더 천천히 읽은 후에 다시 문제를 풀어보라. 만일 시간이 더 주어지면 점수가 확연히 올라가는 경우에는 지문을 정확히 읽는 데 초점을 맞추고 다시 공부를 해라. 속도는 읽다 보면 올라간다. 조급해하지 마라.

듣기, 쓰기, 읽기로
나누어 공부하라

언어 능력은 크게 듣기, 말하기, 쓰기, 읽기 이렇게 나뉘고, 언어영역 시험은 듣기, 쓰기, 읽기이다. 언어 능력에는 말하기가 중요한 요소 중 하나이지만 시험에서 말하기 부분은 평가가 힘들기 때문에 없다. 굳이 문제 안에서 찾고자 한다면 쓰기와 통합되어 있다고 볼 수 있다. 언어영역 자체가 상당히 방대한 만큼 공부도 나누어서 할 필요가 있다. 영역별로 공부 방법이 다르다. 이제 각 영역별 공부 방법을 알아보자.

❶ 듣기 한 달에 한 번은 공부하라

언어영역의 듣기는 많은 학생들이 공짜로 주어지는 문제라고 생각해서 공부하지 않는다. 오히려 언어영역 듣기를 따로 공부하는 학생이 이상한 취급을 받는다. 독자들도 언어영역 듣기는 다 맞춘다고 생각하고 있지 않는가? 언어영역 모의고사 연습을 하면 듣기 파일을 따로 구하기도 귀찮아서 듣기영역은 그냥 넘어가고 쓰기 부분부터 문제를 풀고는 점수를 맞춘다. 듣기는 애시당초 고려되지 않는다.

하지만 점수는 0점에서 시작해서 획득해 얻어지는 것임을 알아야 한다. 공짜 문제는 없다. 듣기도 마찬가지이다. 그리고 사실상 언어 영역 듣기는 가장 방심하기 쉽기 때문에 틀리기도 쉽다. 영어 듣기는 어렵고 외국어라 연습을 하지만, 언어 듣기는 어렵지도 않고 전체에서 차지하는 비중이 크지 않기 때문에 더욱 도외시한다. 모의고사에서 한두 번 틀리는 일이 생기긴 하지만 수능에서는 다 맞을 것이라고 믿는다.

그렇다고 언어 듣기를 필사적으로 공부하라는 말이 아니다. 다만 너무 경시하지 말라는 의미이다. 언어 듣기를 매일 할 필요는 없다. 한 달에 한 번 정도면 족하다. 그리고 수능이 가까워오면 일주일에 한 번 정도면 된다. 듣기는 몇 문제 되지도 않을뿐더러 푸는 데 얼마 걸리지도 않는다. 공짜 점수는 없으니 듣기도 조금씩은 연습하라.

나는 3학년 때 혼자 모의고사 연습을 하면서 듣기 파일을 꼭 다운 받아서 문제를 같이 풀었다. 분명 그 와중에서 틀리는 문제가 있었기 때문에 어느 정도 경각심도 가지게 되었다. 그리고 무엇보다 모의고사에 나오는 모든 유형의 문제에 대한 연습을 해볼 수 있다는 장점도 있었다.

❷ 쓰기 문제집 한 권으로 감을 익혀라

수능이 객관식 시험이다 보니 언어에서 정말 중요한 능력 중 하나인 쓰기를 평가할 방법이 상당히 제한되어 있다. 주관적인 생각을 쓰는 것은 채점상에 문제가 생기므로 결국 문법이나 어휘의 정확성을 묻거나 문단의 구성을 묻는 문제로 쓰기 부분이 대체된다. 수능 문제에서 듣기 바로 뒤에 나오는 몇 문제들이 바로 쓰기에 관련된 문제라고 할 수 있다. 문법, 어법, 문단 구성을 묻는 문제는 어떻게 대비해야 할까? 국어의 문법과 어법은 생각보다 까다롭다. 예외도 한두 개가 아니라서 다 공부하는 것은 불가능하다. 그래서 필자가 택한 방법은 감을 익히는 것이었다. 일단 틀린 문제는 오답노트에 옮겨 적기도 했지만 무엇보다 문제를 많이 풀어 보는 것으로 감을 익히려고 했다. 해설에 나와 있는 문법 사항을 일일이 외우기보다는 정답과 오답을 비교하면서 감을 정답에 맞추도록 노력하였다. 그리고 애매한 단어가 나오면 사전을 찾아보았다. 어려운 단어를 다 찾아 볼 필요는 없었고 오히려 비슷한 단어가 나오지만 용례가 다른 경우에 사전이 꼭 필요했다. 문단 구성은 따로 공부할 필요가 없었다. 왜냐하면 비문학을 공부하면서 같이 공부가 되었기 때문이다.

개인적으로는 쓰기 관련 문제집을 따로 한 권 사서 풀어볼 것을 권한다. 여유가 된다면 더 풀어도 좋지만 한 권은 꼭 풀어봐야 한다. 그리고 문제집을 풀 때 시간을 내어 천천히 풀어보라. 문제를 풀 때 곰곰이 생각하면서 감을 익혀야 한다. 언어영역은 모국어라서 연습을 하다 보면 굳이 문법을 따로 외우지 않아도 문제를 맞힐 수 있다.

또한 쓰기 부록집도 활용해보면 유용하다. 가끔씩 언어 문제집을 사면 어법, 어휘 관련 부록집을 소책자로 주는 경우가 있다. 그런 것들을 어떻게 처리하는가? 보통 한두 번 펼쳐보고 버리는 경우가 많다. 하지만 나는 그것을 버리지 않고 화장실에 두었다. 그러면 심심해서라도 펼쳐보게 된다. 매일 한 단어씩만 알게 되어도 몇 개인가? 자투리 시간을 활용해서 언어 실력을 높여보자.

❸ 읽기 비문학부터 공부하고 문학을 하라

읽기는 문학과 비문학으로 나뉜다. 그렇다면 무엇부터 공부해야 할까? 비문학부터다. 비문학은 객관성이 강한 글이고 문학은 주관성이 강한 글이다. 읽기에서 가장 필요한 능력은 정확한 독해 능력인데, 이는 객관성이 강한 글을 연습함으로써 향상시킬 수 있다. 주관성이 강한 글은 객관적인 독해에 자신의 상상력까지 곁들여야 하기 때문에 독해 능력을 향상시키는 데 좋지 않다. 그리고 문학을 먼저 공부하고 비문학을 공부하면 문학에서 사용했던 독해 방법을 비문학에서 사용하기가 쉽다. 즉, 자신의 상상력을 발휘하며 비문학에서 글쓴이가 말하고자 하는 바를 제멋대로 그려가기 쉽다.

따라서 비문학을 공부하며 객관적인 독해력을 높이는 것이 우선이다. 객관적이고 정확한 독해란 독자의 상상이 아니라 글 안에 있는 내용에 한정해서 독해를 하는 것을 말한다. 비문학 문제는 상상력을 발휘하는 순간 틀리고 만다. 글에 의존하지 않고 이러한 내용이 나왔으니 또 이런 내용도 나왔을 것이라고 생각하는 순간 문제는 틀린다. 객관적 독해력이 향상되면 그 뒤에 문학으로 넘어가야 한다.

비문학은
도식에 맞춰 해석하라

비문학은 어떤 글인가? 비문학은 시, 소설, 수필 등의 문학과 달리 감성적이기보다는 이성적인 글이다. 비문학의 공통점은 누가 읽든 똑같이 읽혀야 한다는 데 있다. 문학은 감성을 전달하는 글이기 때문에 독자마다 감상이 얼마든지 다를 수 있지만 비문학은 그렇지 않다.

비문학의 구성은 어떻게 되어 있는가? 좋은 글에는 반드시 1개의 핵심 주제, 즉 글쓴이가 의도하는 바가 있다. 그러한 주제는 글 전체를 관통하는 맥락이 있으며 각 문단의 핵심 내용과도 직결된다. 시험에 출제되는 비문학 지문의 구성을 도식을 통해 살펴보도록 하자.

글 ⊃ 문단 ⊃ 문장 ⊃ 단어

주제 ⊃ 문단의 소주제 ⊃ 핵심 문장

비문학 지문이 좋은 글이라면 반드시 이러한 도식을 갖추고 있다. 하나의 글은 여러 개의 문단으로 구성되어 있다. 문단은 여러 개의 문장으로 구성되어 있으며 문장은 단어들로 구성되어 있다. 그리고 하나의 글에는 반드시 하나의 핵심 주제가 있다. 각 문단에는 문단의 소주제가 있는데 이는 핵심 주제와 밀접한 관련이 있어야 한다. 세부적으로 문단 속에는 핵심 문장이 소주제와 밀접하게 관련되어 있다.

생생학습법 || 다음은 2010년도 대학수학능력시험 언어영역 13~15번 문제에 해당하는 지문이다.

❶ 조선 성리학자들은 '세계를 어떻게 바라보고, 자신이 추구하는 삶을 어떻게 실현할 것인가' 하는 문제와 관련하여 지(知)와 행(行)에 깊은 관심을 기울였다. 그들은 특히 도덕적 실천과 결부하여 지와 행의 문제를 다루었는데, 그 기본적인 입장은 '지행병진(知行竝進)'이었다. 그들은 지와 행이 서로 선후(先後)가 되어 돕고 의지하면서 번갈아 앞으로 나아가는 '상자호진(相資互進)' 관계에 있다고 생각했다. 또한 만물의 이치가 마음에 본래 갖추어져 있다고 여기고 도덕적 수양을 통해 그 이치를 찾고자 하였다.

❷ 18세기에 들어 일부 실학자들은 지행론에 대해 새롭게 접근하였다. 홍대용은 지와 행의 병진을 전제하면서도, 도덕적 수양 외에 사회적 실천의 측면에서 행을 바라보았다. 그는 이용후생의 중요성을 강조하여 민생을 풍요롭게 하는 데 관심을 기울였다. 그에게 지는 도덕 법칙만이 아닌 실용적인 지식을 포함하는 것이었으며, 행이 지보

다 더욱 중요한 것이었다.

❸ 19세기 학자 최한기는 본격적으로 지행론을 변화시켰다. 그는 행을 생리 반응, 감각 활동, 윤리 행동을 포함하는 일체의 경험으로 이해하고, 지를 경험을 통해 얻어지는 객관적인 지식으로 규정하였다. 그는 선천적인 지식이 따로 없고 모든 지식이 경험을 통해 산출된다고 보아 '선행후지(先行後知)'를 제시하고, 행이 지보다 우선적인 것임을 강조하였다.

❹ 최한기에게 지와 행의 대상은 인간, 사회, 자연을 포괄하는 것이다. 그는 행을 통한 지의 형성, 그 지에 의한 새로운 행, 그리고 그 행에 의한 기존 지의 검증이라는 이전과는 차별화된 지식론을 제시하였다. 그가 경험으로서의 행을 중시한 것은 자연 세계에는 일정한 원리인 물리(物理)가 있지만 인간 세계의 원리인 사리(事理)는 일정하지 않다고 보았기 때문이다. 그래서 그는 자연을 탐구하여 물리를 인식함으로써 사리가 성립되고, 이 사리에서 인간의 도덕인 인도(人道)가 나온다고 보았다.

❺ 이러한 서로 다른 지행론은 그들의 학문 목표와 관련이 있다. 도덕적 수양을 무엇보다 중시했던 성리학자들과 달리, 실학자들은 피폐한 사회 현실을 개혁하고자 하는 학문적 문제의식을 가지고 있었다. 특히 최한기가 행을 앞세운 것은 변화하는 세계의 본질을 경험적으로 파악하여 격변하는 시대에 대처하려는 것이었다.

문단 앞의 번호는 필자가 임의로 붙였다. 이 지문을 가지고 독해하는 방법을 살펴보자.

우리가 초점을 맞춰야 하는 것은 문단이다. 문장 하나하나를 분석하기엔 너무 많다. 한 번에 저 글을 읽고 문단 구분도 없이 모두 이해하고 문제도 정확히 풀기란 대단히 어렵다. 같이 독해를 한다고 생각해보자.

문단 ❶을 읽어 보면 핵심이 '지와 행'의 문제라는 것을 알 수 있다. 그리고 거기에 대한 성리학자들의 입장은 '지행병진'이다. 간단히 메모하듯 요약한다면 이렇다.

> **지와 행 - 성리학자 : 지행병진**

문단 ❷를 읽어 보자. 지와 행이 지행론으로 불리는 것을 알 수 있다. 그리고 성리학자들이 아니라 홍대용의 입장을 말하고 있다.

> **지행론 - 홍대용 : 행 〉지**

문단 ❸을 보자. 읽어 보니 시대가 18세기에서 19세기로 변했고, 홍대용이 아니라 최한기가 등장한다. 행이 지보다 여전히 앞서지만 그 정도가 훨씬 강함을 알 수 있다.

문단 ❹를 보자. 최한기의 지행론을 보다 심화해서 적고 있다. 행과 지의 관계를 물리와 사리의 관계로 확장시키고 있다.

문단 ❺는 지금까지의 내용을 잘 정리해 주고 있다. 만일 배경 지식이 없어서 성리학자들과 실학자들의 시대가 다르다는 것을 잘 몰랐다고 하더라도 이 문단에서 알 수 있다. 그리고 같은 지행론이긴 하지만 시대에 따라 다른 모습을 보여주고 있고 그것이 이 글에서 핵심적인 사항임을 명시적으로 밝히고 있다.

나는 문단의 중심 내용을 적을 때 어렵거나 난해하게 적지 않았다. 지문을 읽은 학생이라면 누구나 떠올리고 알 수 있을 정도로 평이하게 적었다. 다른 곳에서 문장을 가지고 오지도 않았고, 문단 내에서 주요 단어를 따왔을 뿐이다. 각 문단의 핵심 소주제를 찾았으니 글의 주제를 찾아 보자. 좋은 글은 핵심 소주제가 반드시 주제와 연

결되어 있다. 소주제를 통합했을 때 나타나는 중심 내용이 바로 글의 주제가 될 것이다. 각 문단이 시대별로 변하는 지행론을 적고 있으므로 글의 주제는 '시대별로 변하는 지행론' 정도로 할 수 있을 것이다. ||

어떤가? 전혀 어렵지 않다. 글을 읽으면서 문단의 핵심 내용을 생각하고 그것들을 조합하면 된다. 그리고 난 후, 간단한 메모 형식으로 적으면 된다. 조금만 연습하면 누구나 할 수 있다. 문단의 핵심 내용을 적는 데 걸리는 시간이 아깝다고 생각하지 말라. 문제를 푸는 시간을 훨씬 단축시켜 줄 수 있다.

이렇게 주제를 찾고 보니 문제는 글의 제목을 묻고 있다. 답은 '지행론의 변화와 그 배경'이다. 독해해서 얻은 제목과 글자 배열만 다를 뿐 같다는 것을 알 수 있다('시대별'이라는 말이 '배경'으로 바뀌었을 뿐이다). 글을 정확하게 읽고 나면 답을 바로 찾을 수 있다.

문학, 숨어 있는 주제를 찾아라

　　　　　　　　　문학 역시 주제를 찾아야 한다는 점에서 비문학의 주제를 찾는 능력이 활용되어야 한다. 다만 유의할 점은 '문학'이라는 장르의 특성상 그 주제가 감추어져 있는 경우가 많다는 것이다. 사람들이 문학을 어려워하는 이유는 의미가 함축되어 있는 경우가 많고(시), 작은 일들로 큰 사건을 빗대어 표현하기 때문에 배경에 대한 이해가 필요하며(소설), 하고 싶은 말을 논리적 흐름에 구애받지 않고 생각의 흐름에 따라 적는 경우(수필)가 많기 때문이다.

　문학을 공부할 때 유의할 점은 주관적이되 객관적인 시각에서 보아야 한다는 말이다. 말에 어폐가 있다고 느껴질지 모르지만 사실이다. 문학의 감상은 지극히 주관적으로 이루어지지만 그것이 다른 사람들의 감상과 완전히 동떨어진 것이어서는 곤란하다. 그래서 문학 작품이 출제될 때는 보편적인 주제(자유, 평등, 사랑, 우정 등)가 출제될 경우가 많다. 아니면 해석의 범위가 좁은 작품을 출제하거나 문제에서 제한시켜 버린다. 이런 방법으로 주관적인 감상을 하지만 객관적인 문제를 풀도록 되어 있다. 주관적인 감상의 영역을 제한하지 않는다면 객관식으로 문제를 출제할 수 없을 것이다.

조금 세부적으로 현대시, 소설, 수필, 극문학, 고전시가 등의 각 항목을 어떻게 공부하는지 그리고 어떻게 문제를 풀 것인지를 알아보자.

1 현대시 : 우리가 사용하는 일상의 언어가 아니라 함축된 언어로 쓰인다. 그렇기 때문에 비문학을 읽는 것과 같은 속도로 독해를 해서는 안 된다. 어차피 양도 적은 만큼 천천히 읽는다고 해서 다른 곳에 쓸 시간을 뺏길 정도는 아니다. 특히 배경도 모르고 작가도 모르는 현대시가 등장했다면 내용에 충실해야 한다. 내용을 읽으면서 중요한 내용에는 밑줄을 긋고 무언가를 상징하는 시어에는 동그라미를 치자. 그리고 읽으면서 긍정적인 시어에는 '+'표시를, 부정적인 시어에는 '-'표시를 해보자. 시를 다 읽은 후, 전체적인 분위기가 긍정적인지 부정적인지 생각해서 표시하고, 제목에도 같은 방법을 적용하자. 긍정과 부정 표시와 중요 시어만 표시해도 현대시의 내용을 금방 파악할 수 있다. 역시 2010년도 수능에 출제된 현대시를 통해 예를 들어 보자. 이러한 방법이 처음 보는 시에도 적용 가능하다는 것을 보이기 위해 익숙한 현대시가 아니라 생소한 현대시를 적어보았다. 본래 표시되어 있는 문제 관련 사항을 삭제하고 내 방법에 따라 표시해보았다.

여러 산봉우리에 여러 마리의 뻐꾸기가

울음 울어

떼로 울음 울어

석 석 삼년도 봄을 더 넘겨서야

나는 길뜬* 설움(+)에 맛이 들고

그것이 실상은 한 마리의 뻐꾹새임을

알아냈다.

지리산 하

한 봉우리에 숨은 실제의 뻐꾹새가

한 울음을 토해 내면(+)

뒷산 봉우리 받아넘기고

또 뒷산 봉우리 받아넘기고

그래서 여러 마리의 뻐꾹새로 울음 우는 것을

알았다.

지리산 중

저 연연한 산봉우리들이 다 울고 나서

오래 남은 추스름 끝에

비로소 한 소리 없는 강이 열리는 것(+)을 보았다.

섬진강 섬진강

그 힘센 물줄기가

하동 쪽 남해로 흘러들어

남해 군도의 여러 작은 섬을 밀어 올리는 것(+)을 보았다.

봄 하룻날 그 눈물 다 슬리어서

지리산 하에서 울던 한 마리 뻐꾹새 울음이

이승의 서러운 맨 마지막 빛깔로 남아

이 세석(細石)* 철쭉꽃밭을 다 태우는 것(+)을 보았다.

– 송수권, 『지리산 뻐꾹새』

* 길뜬 : 길이 덜 든
* 세석 : 지리산 정상 아래 부근의 지명

시를 읽어 보면 일단 뻐꾸기가 핵심 시어임을 알 수 있다. 그래서 박스 표시를 했다. 그리고 울음을 우는 것이 주요 행위이기에 밑줄을 그었다. 설움이라는 단어가 중요하게 느껴졌는데 처음에는 이것이 긍정적인 시어인지 부정적인 시어인지 쉽게 판단할 수 없었다. 보통 부정적인 경우가 많지만 승화의 과정을 거쳐 반대 의미로 나타나기도 하기 때문이다. 시를 다 읽고 보니 울음이 결국은 강도 열고 섬도 밀어 올려서 철쭉꽃까지 이어지는 것임을 알게 되었다. 그렇다면 여기서 설움은 긍정적인 단어로 볼 수 있

다. 그리고 자주 등장하는 단어나 배경에도 간단하게 밑줄을 그어 표시했다. ||

　내가 하는 해석은 전혀 전문적인 해석이 아니다. 이 시를 난생 처음 접해 보고 나름의 방식대로 표시했을 뿐이다. 하지만 이런 형식으로도 문제 푸는 데는 아무 지장이 없었다. 누구나 얼마든지 할 수 있다. 천천히 시를 읽으면서 중요한 것은 밑줄 긋고 박스 치고 긍정·부정만 몇 개 표시해 보라. 시의 이해가 훨씬 쉬워질 것이다.

　시와 관련된 문제를 푸는 요령은 이러하다. 우선 시 문제의 출제 방식을 알아야 한다. 대개 수험생들에게 생소한 시만 3개 출제되진 않는다. 보통 (가), (나), (다) 순으로 등장하는데, (가)는 교과서에 나오는 작품으로 수험생 대부분이 알 만한 시가 나온다. 그리고 (나)는 조금 어렵지만 심화 공부를 한 학생이라면 아는 작품이 출제되고 (다)는 어느 학생도 처음 보는 시가 출제되는 경향이 강하다. 이는 내가 지금껏 직접 수능에 출제된 시 문제들을 분석해 보고 내린 결론이므로 틀릴 수도 있지만 대체로 이렇다.

　이렇게 출제 방식을 알면 주력해야 할 시를 알 수 있다. 두세 가지 시가 나오는 문제는 그 시들에 공통점이나 대비되는 점이 있다는 말이다. 서로 연관성이 없는 시를 가져오지는 않는다. 비슷한 주제이거나, 같은 소재를 사용하고 있거나, 시대적 배경이 같거나 하는 등의 공통점이 있다. 아는 시를 확실히 읽어서 내용을 숙지하고 그 시와의 공통점, 차이점 등을 염두에 두면서 읽으면 해석이 쉽다.

그리고 또 한 가지. 문제 중에는 시의 해석을 돕는 문제가 있다. 가령 '다음 시들에 관한 설명으로 그른 것은?' 이라는 문제가 나왔다면 1개는 틀리지만 나머지 4개 설명은 맞다는 말이다. 문제를 먼저 보고 보기를 다 읽는다면 4개의 맞는 해석을 보고 시를 읽어 볼 수 있다. 지문을 읽고 문제를 풀어야 하지만 시의 특성상 문제에서 제약을 가하거나 힌트를 줄 수밖에 없으므로 이를 역이용하는 것이다.

2 고전시가 : 고전시가는 그 숫자가 제한되어 있기 때문에 나올 수 있는 문제가 제한적이다. 교과서에 나오는 고전시가나 유명한 고전시가 등은 아예 외워두는 편이 좋다. 어려운 고어로 쓰인 고전시가는 읽는 것 자체로 많은 시간을 소비하고 해석도 어렵다. 내용을 여러 번 보면서 미리 해석하고 중요한 것들은 아예 외워 버리자. 만일 난생 처음 보는 고전시가가 나오더라도 역시 크게 걱정할 필요는 없다. 고등학교 수준을 벗어난 시가라면 모든 학생들이 처음 보는 고전시가일 것이다. 그리고 그런 경우 해석이 쉽거나 해석에 힌트를 주기 마련이다. 수능 문제의 목적은 학생들에게 고어를 해석시키는 것이 아니다.

시와 관련된 문제를 풀 때는 이 정도 사항만 알아도 웬만한 문제를 다 풀 수 있을 것이다. 위의 사항들을 적용해 연습해보기를 바란다.

3 소설 : 소설의 3요소에는 주제, 구성, 문체가 있다. 그리고 소설 구성의 3요소에는 인물, 사건, 배경이 있다. 이는 소설의 이해를 돕기 위해서 있는 것이다. 이제 각 요소에 대해서 알아보자. 짧게 인용되어 있는 소설을 읽으면서 문체까지 파악하는 것은 무리다. 주제와 구성의 요소들에 대해서만 생각해 보자.

주제는 알고 들어가는 것이 아니라 최종적으로 알아야 할 대상이다. 소설은 구성과 주제를 파악하면서 읽어야 한다. 구성의 3요소인 인물, 사건, 배경은 다른 사람과 어떤 관계를 맺는가에 주의해서 글을 읽으면 된다. 배경은 크게 중요한 역할을 하기보다는 전체적으로 긍정적인지 부정적인지 분위기 연출에 도움을 준다.

나는 소설을 읽을 때 인물에는 삼각형으로, 중요 행위에는 밑줄을 그어 표시했다. 여러 인물이 나오면 인물 사이의 관계를 간단히 파악해보면 된다. 소설은 단지 지문이 길게 나올 뿐 전혀 걱정할 파트가 아니다. 이야기의 흐름만 따라가다 보면 자연스럽게 알 수 있다.

4 수필 : 수필은 일정한 양식이 없다. 주변 일상의 소소한 일들을 가지고 작가의 생각이나 간단한 교훈을 주는 것이 수필이다. 글을 쓸 때는 반드시 목적이 있다. 일정한 양식이 없고 생각의 흐름이 나열되어 있다고 해서 주제까지 없는 것은 아니다. 글의 주제가 바로 글쓴이가 글을 쓴 목적이다. 수필을 읽을 때도 그 주제를 생각하며 읽어야 한다. 주로 수필에서 사용하는 소재는 주제를 드러내기 위한 장치

로 사용된다. 그 장치 자체가 주제가 되는 경우는 거의 없다. 시의 언어까지는 아니지만 한 단계 해석을 거쳐야만 한다.

하지만 수필을 어렵게 생각하지는 마라. 심오한 의미를 담고 있을 뿐 쉬운 언어로 쓰였다는 것이 수필의 특징이기 때문에 난해하고 어려운 단어를 사용한 수필은 없다고 봐도 무방하다.

5 극문학 : 어떻게 공부해야 하는가? 극문학은 문학의 세부 항목 중 가장 현대적이다. 이전에는 없었지만 시대의 발전에 따라 등장한 장르이다. 극문학의 특징을 보면 극문학은 무대 상영을 전제로 쓰인다. 일반인들에게 읽히기 위해 쓰인 소설이나 수필과는 기본 목적이 다르다. 그래서 일반인들에게는 친숙하지 못한 용어들이 등장하기도 한다. 이러한 용어들은 뜻을 미리 다 암기해야 한다. 용어들은 보통 영어와 축약어의 형태로 되어 있는데 이 뜻을 모르면 극의 전개를 알기 힘들다.

극의 전개에 필요한 새로운 용어들이 나온다는 것을 제외하면 이야기 자체에 대한 이해는 소설과 크게 다를 바 없다. 극도 결국 인물들이 나와서 배경을 바탕으로 사건을 벌이기 때문이다. 소설을 읽는 방식으로 인물과 인물들의 행동에 주의해서 읽으면 된다.

 ## 스스로
글을 써 보라

공부법을 알았다면 연습을 해야 한다. 언어 공부법을 알고 나니 당장 문제를 공략하고 싶은 생각이 들지 않는가? 연습하기에 가장 좋은 문제는 수능 기출문제이다. 언어만 따로 나와 있는 문제집을 구해서 하나하나 연습해보도록 한다. 수능에서 출제된 문제는 잘 정제된 아주 좋은 문제들이다. 자신이 익힌 공부법을 적용해 가면서 연습해보고 문제를 풀어보아라.

글을 한번 써보는 것도 큰 도움이 된다. 쉬운 주제를 잡아도 머릿속에 떠오르는 말은 많은데 정리하기는 어렵다. 읽는 데 5분이면 충분한 짧은 글이라도 막상 쓰는 데는 한 시간이 넘게 걸릴 수 있다. 하지만 이를 실제로 해보는 것은 상당히 의미 있는 작업이다. 왜냐하면 글쓴이의 의도에 좀 더 접근할 수 있기 때문이다. 나아가서 글을 써보는 것은 논술 대비의 일환이 될 수도 있다. 거창하게 논술이라고 했지만 알고 보면 크게 대단한 것은 아니다. 논술이라는 것도 결국 자신의 생각을 적는 것이다. 주제를 정하고 그 안에 들어갈 글감들을 찾아서 글을 쓰면 그것이 바로 논술 연습이다.

좋은 글을 쓰는 방법은 좋은 글을 찾아 필사(筆寫)해 보는 것이다. 좋은 글을 따라 쓰다 보면 그 문장을 꾸미는 형식을 알게 된다. 형식이 익숙해지면 여기에 자신의 생각과 상식을 집어넣으면 마무리된다.

2

수리영역,
공식만 외워서는
실패한다

> " 수능 수학은 학생들의 사고 능력에 수학 풀이 능력을 결합시킨 전반적인 능력을 보고자 하는 것이 출제자의 의도이다. 극도로 어려운 문제가 아닌 한 문제당 3~4분 안에 풀 수 있는 사고력 중심의 문제만 주어진다. "

내신 수학과
수능 수학은 일치한다

다음은 수능 수학 출제 원칙이다.

수리영역(30문항)은 단순 암기로 해결할 수 있는 문제나 지나치게 복잡한 계산 위주의 문항을 지양하고 계산, 이해, 추론, 문제 해결 능력을 적절하게 평가한다. 국민공통기본교육과정(초등 1학년~고교 1학년까지)에 속하는 내용은 간접 출제하고, 수리 '가' 형의 선택 과목 문항은 수학1 또는 수학2의 내용과 통합해 출제가 가능하다.

출제 원칙을 보면 수학을 어떻게 공부해야 할 것인지가 나온다. 예전 연합고사 시절과 같이 극도로 어려운 문제는 더 이상 출제되지 않는다. 산수 실력을 평가하겠다는 것이 아니라 학생들의 사고 능력에 수학 풀이 능력을 결합시켜 전반적인 능력을 보겠다는 말이다.

문제 수와 시험 시간을 보아도 알 수 있다. 한 문제당 주어지는 시간은 3~4분밖에 되질 않는다. 그 정도 시간이라면 극도로 어려운 문제를 풀기에는 턱없이 부족하다. 이 정도 시간에 풀 수 있는 문제는 어려운 계산이 아니라 사고력 중심의 문제다. 한 문제를 푸는 데 10분 이상 걸리는 어려운 문제는 출제되지 않는다. 어렵게 보이는 문제라고 하더라도 방법만 잘 찾으면 금방 풀 수 있다는 점을 염두에 두고 문제를 다시 살펴보면 실마리를 발견할 수 있을 것이다.

그리고 공부 범위도 알 수 있다. 수학 '나' 형은 수학1이 출제 범위이고 수학 '가' 형은 수학 1, 2에 자신이 선택한 선택 과목이 대상이다. 단, 공통 수학에 해당하는 부분은 간접 출제가 가능하다. 여기서 간접 출제가 가능하다는 말은 출제영역이니 어느 정도는 공부하라는 말이다. 직접 출제 대상이 아닌 만큼 중요한 단원이 아니면 출제되지 않는다. 하지만 공통 수학에서 중요한 부분은 얼마든지 출제가 가능하고 매년 출제되고 있다.

가령 이런 식의 문제 출제도 가능하다. 문제에서 사실상 풀이 방법은 공통 수학의 비중이 훨씬 큼에도 불구하고 마지막에 답을 지수나 로그로 바꾼다거나 살짝 행렬을 이용하게 한다면 그 문제는 공통 수학을 간접 출제한 수1 과정 문제가 된다.

공통 수학에서 자주 출제되는 부분은 선생님께 여쭈어보라. 그 편이 더욱 정확할 것이다. 간접 출제인 만큼 반드시 봐야 하지만 다 볼 필요는 없다. 필요한 부분만 골라서 보는 것이 목적에 적합한 공부 방법이다.

내신이라고 해서 수능과 별반 다를 바 없다. 물론 학교마다 편차가 나는 것은 사실이다. 하지만 수학만큼 내신과 수능이 잘 통합된 과목도 없을 것이다. 공부만 확실히 했다면 내신이든 수능이든 처음 보는 수학 문제를 다 풀어낼 수 있다.

내신이 수능과 차이나는 점은 시험 범위이다. 모의고사나 수능은 시험 범위가 누적적이다. 그래서 갈수록 시험 범위가 커지고 한 단원에서 출제되는 문제수가 적다. 하지만 내신은 보통 그 시기에 배운 단원에 대해서만 문제를 출제한다. 그래서 내신 시험지를 보면 특정 몇몇 단원에 대한 문제들로 꽉 차 있다.

만일 내신을 특별히 공부하고 싶다면 내신 시험 기간에 시험 범위에 해당하는 단원의 문제를 많이 풀어봐야 한다. 물론 개념 학습이 전제되어야 하고 문제 풀이도 학교에서 다루는 교과서나 보조 문제집을 우선시해야 한다.

수학 실력이 뛰어나다고 해서 학교에서 주 교재로 사용하는 교과서나 문제집을 풀지도 않고 시험에 들어가는 일은 없어야 한다. 괜히 자만하다가 교과서에 나온 쉬운 문제를 실수라도 해서 틀리면 석차와 등급에 타격이 정말 크다. 특히 학교에서 학생들의 평균점을 높이기 위해 역배점을 실시하는 경우는 더욱 그렇다.

상위권 대학을
결정하는 건 '수학'

        상위권 대학을 진학하는 데 결정적인 과목은 수학이다. 이는 아이러니하게도 문과에서 더욱 두드러지게 나타난다. 보통 수학을 못하는 학생들이 문과를 선택하는 경우가 많다. 그래서 상위 성적을 받는다면 표준 점수가 상당히 높게 나온다. 수학은 문과에서 상위 대학을 결정하는 매우 중요한 과목이다. 점수 비중만 놓고 본다면 가장 중요한 과목이라고 해도 과언이 아니다. 이과에서 왜 수학이 중요한가는 말할 필요가 없을 것이다. 더 많은 부분을 배우고 더 어려운 수리 가형을 시험 치른다. 표준 점수는 나형보다 더 낮기는 하지만, 그래도 이과에서 수학은 가장 중요한 과목이다.

    더구나 수학은 한 문제당 배점이 크다. 언어와 외국어가 한 문제당 1~3점으로 배점되는 데 비해 수학은 2~4점으로 정해진다. 게다가 보통 틀리는 문제가 2점짜리가 아니라 4점짜리 고난이도 문제라는 점을 감안하면 한 문제 틀렸을 때 감수해야 하는 피해는 막대하다.

    애매한 수학 실력을 가지고 있다면 수학이 자신에게 맞게 출제되기를 기대해서는 안 된다. 확실하게 공부해서 어느 유형으로 문제가 출제되더라도 최고의 결과를 얻겠다는 마음으로 수학 공부에 임해야 한다.

수학 공부는 짧게 끊어서 하기보다는 한 번 할 때 길게 해야 한다. 즉, 매일 수학 공부를 3시간씩 하기로 했다면 한 번에 몰아서 해야 한다. 오전에 한 시간 반, 오후에 한 시간 반으로 나눠서 하는 것은 효과를 떨어뜨린다. 고3이 되어 다른 과목 공부도 해야 하기 때문에 수학에 그만큼 시간을 투자하기 힘들다면 한 시간씩 수학 공부를 매일 하기보다는 이틀에 한 번씩 두 시간 공부하는 편이 낫다.

나는 긴 시간을 확보하기가 용이하고 학교가 평일보다 조용해 집중하기가 더 쉽다는 이유로 수학 공부를 주로 주말에 몰아서 했다. 평일에는 언어와 외국어를 꾸준히 봐야 하고, 학교 수업도 복습해야 하기 때문에 다른 공부도 조금씩 하고 나면 수학에 긴 시간을 투자하기 힘들었다. 그래서 수학이 어느 정도 목표에 오른 뒤에는 주말에 여세를 몰아서 긴 시간을 확보하고 수학 공부에 집중했다.

# 공식을 외우지 말고
증명하라

　　　　　　　　수학은 이해하는 과목이다. 하지만 이해와 암기가 따로 갈 수는 없다. 공식의 뜻도 모르면서 공식을 암기하는 것은 아무 쓸모가 없다. 그래서 수학에서는 이해가 중요하다.

　수학 공식을 어떻게 외워야 할까? 공식이 도출되는 과정을 반드시 이해해야 한다. 고등학교 수학 과정에서 학생들에게 증명 과정을 제시하지 않고 그냥 공식만을 주고 외우라고 하는 단원은 거의 없다. 보통은 증명 과정을 친절하게 다 제시해 준다.

생생학습법 || 한 번 예를 들어보자. 첫 항이 a이고 공비가 r인 n항까지의 등비수열에서, 단순히 이 등비수열의 합을 구하라고 하면 대부분 학생들은 대답할 수 있을 것이다. 왜냐하면 공식을 암기하고 있기 때문이다. 하지만 그 과정을 증명해보라고 하면 할 수 있는 학생이 별로 많지 않다. 증명 과정을 간단히 적어 보자.

$$\text{① } Sn = a + ar + ar^2 + ar^3 + \cdots ar^{n-1}$$

$$\text{② } rSn = ar + ar^2 + ar^3 + ar^4 + \cdots ar^n$$

①에서 ②를 빼면 $(1-r)Sn = a - ar^n$ 가 된다.

그래서 $Sn = a(1 - r^n) / (1 - r)$이 된다. 이 공식을 증명하면서 알게 된 점은 ①식에서 r을 곱한 뒤, ②식을 만들어 빼주니 대부분의 항들이 사라진다는 점이다. 그래서 Sn에 대해 쉽게 정리를 하고 공식을 만들 수 있다. 즉 등비수열에서 일정한 수를 곱해 원래식에서 빼보면 간단한 형태로 바뀐다는 원리를 배울 수 있다. 이원리를 이해해야만 수열의 다른 고차원 문제를 풀 수 있다.

고득점 문제로 단순히 위의 식을 바로 이용해 합을 구하는 문제는 출제되지 않는다. 고득점 문제는 위에서 한 단계 더 나아간 멱급수(공비는 일정한데 앞에 곱해지는 수가 바뀌는 형태, $Sn = 1 + 2r + 3r^2 + 4r^3 + \cdots nr^{n-1}$, 이러한 형태를 말한다)의 문제를 풀 것을 요구한다. 멱급수에 대한 해답을 바로 공식화할 수는 없다. 왜냐하면 숫자가 바뀌는 형태에 따라 곱해줘야 하는 숫자나 정리 방식이 달라지기 때문이다. 하지만 어쨌건 풀이 방법 중간에 등비수열의 합에서 사용되는 원리를 이용해야 한다. 그 원리를 모르면 이 문제에 접근할 수 없다.

등비수열의 합을 제대로 이해했다면 바로 연결되는 무한등비급수도 쉽게 이해할 수 있다. 무한등비급수라는 것이 결국 위에

서 한 발자국 더 나아간 것이기 때문이다. ||

    수학 공식이 있다면 그것이 어떻게 나왔는지 과정을 먼저 보아야한다. 증명 과정에서 처음 나오는 의문은 '왜?' 이어야 한다. 하나의 과정이 다음 과정으로 넘어가는데 '왜?' 라는 의문을 제기해볼 수 있어야 하고 스스로 답을 구해보는 노력이 필요하다. 가령 위의 증명식에서 왜 하필이면 a도 아니고 r을 곱했냐고 물음을 던질 수 있어야한다. 그리고 그에 대한 답으로 'r을 곱함으로써 위 ①식과 대부분 공통인 항을 만들어 낼 수 있고 빼면 간단히 정리할 수 있기 때문' 이라고 말할 수 있어야 한다.

    수능이나 모의고사 문제 중 해설을 보면 다 아는 공식인데도 불구하고 문제를 볼 때는 전혀 그 공식을 떠올리지 못했던 경험이 있을 것이다. 그것은 공식을 암기만 하고 제대로 원리를 이해하지 못해서다. 글로 출제되는 문제를 숫자로 풀어내기 위해서는 머릿속에 공식에 대한 이해 과정 자체가 들어와 있어야 한다. 그렇다고 공식의 증명과정을 달달 외우라는 말이 아니다. '왜?' 라는 의문을 통해 한 과정씩 스스로 도출해낼 수 있어야 한다.

문제 풀이 과정을 꼼꼼히 정리하라

여러분은 수학 문제를 풀 때 어떤 식으로 푸는 스타일인가? 필요한 숫자를 깔끔하게 적고 식 하나하나를 적어 내려가면서 정확하게 답을 도출하는 타입인가? 아니면 필요한 숫자를 그때 그때 찾아서 적고 계산이 필요하면 옆의 빈 공간에다가 대충 적다가 자신만이 알아볼 수 있는 방법으로 답을 구하는 타입인가? 나의 스타일은 후자였지만 결코 이 방법을 추천하지 않는다.

문제의 풀이 과정을 꼼꼼히 그리고 깔끔하게 정리하면 우선 오답을 구할 가능성이 훨씬 낮아진다. 필요한 숫자들이 여기저기 난잡하게 있지 않고 정리되어 있다면 답안지에 잘못 옮겨 적을 가능성도 거의 없다. 그리고 문제를 다 푼 후, 검산을 하면서 틀린 부분을 발견하기가 쉽다.

하지만 문제 풀이 과정을 대충 적어 놓으면 그 반대의 일이 생긴다. 필요한 숫자를 여기저기 적었다가 잘못 옮겨 적을 가능성이 생긴다.

수학 문제를 풀 때 반드시 깔끔하게 노트에 적는 습관을 길러야 한다. 꼭 해답지에 나와 있는 방법대로 적지 않아도 좋다. 다만 남이 보았을 때 문제 풀이 과정을 따라가며 이해할 수 있을 정도면 된다. 내신 문제에서 점차 서술형이 확대되고 있고 이과는 수학 논술 시험을 보기도 한다는 점을 기억해야 한다. 수학 주관식에서 중요한 것은 답 자체보다 '답을 도출해내는 과정'이다. 어떤 방법으로 문제를 푸는 것이 유리한지는 두말할 필요가 없다.

수학의 정도(正道), 『정석(定石)』을 정복하라

　　　　　　　수학의 정도는 역시 『정석』이라고 생각한다. 개인적으로『정석』이외에 다른 교재를 보지 않아서 다른 교재는 별로라고 단정지어 말할 수는 없다. 하지만『정석』만 본다면 고등학교 수준의 수학을 커버하기에는 충분하다고 생각한다.

　『정석』은 정리가 잘되어 있는 교재이다. 학원에서 수업을 들어도 좋지만 혼자서 공부해도 충분하다. 나는『정석』을 혼자 공부했다. 1시간에 겨우 4~5페이지 정도밖에 진도를 못 나가긴 했지만 꾸준히 한 문제 한 문제 풀어 나갔다. 속도가 많이 느리긴 했지만 혼자서『정석』을 보고 이해하며 문제를 풀 수 있다는 것은 그만큼 교재가 잘 되어 있다는 것을 의미한다.

생생학습법 ｜｜ 내가 공부한 방법은 이렇다. 우선『정석』을 처음 펼치면 목차가 나온다. 목차를 하나씩 읽어 본다. 내용을 알지는 못하지만 앞으로 배울 것들에 대해 감을 잡게 된다. 그리고 첫 단원으로 넘어간다. 어떤 단원이든 마찬가지지만 처음 본다면 생소할 수밖에 없다. 어떤 단원이든 처음에는 개념 설명과 정리가 되어 있다. 그리고 보기 문제까지 곁들여져 있다. 설명을 천천히 읽으면서 중요한 단어는 써보기도 하고 이해에 주력한다. 그리고 아래에 보기 문제를 풀면서 수학에서 이 개념이 어떻게 적용되는가 파악한다.

개념이 이해되었으면 기본 문제를 푸는 단계로 넘어간다. 책의 위쪽에는 기본 문제가 있고 책의 중간에는 그에 대한 해설이 있으며 아래에는 유제가 있다. 기본 문제는 앞의 보기 문제에서 조금 더 심화된 것이지만 배운 것을 적용하는 문제이므로 천천히 풀어본다. 문제 푸는 것에 전혀 감을 못 잡겠다면 해설을 보고 따라 익히면 된다. 그리고 기본 문제를 풀고 나면 유제도 풀어보도록 한다. 기본 문제와 유제 중 맞힌 것은 놔두고 틀린 문제에만 체크 표시를 한다. 특별히 어려웠던 문제는 또 다른 표시로 구분한다. ||

한 단원에서 몇 페이지 정도만 진도를 나가도 하루가 끝난다. 중요한 것은 그 다음 날이다. 다음 날에 다시 공부할 때 시작할 부분은 어제 문제가 끝난 다음 페이지가 아니다. 우선 복습해야 한다. 다시 단원의 맨 처음으로 돌아가서 개념을 정확하게 파악해야 한다. 보기 문제까지 다시 풀 필요는 없지만 개념은 반드시 다시 공부해야 한다. 그리고 어제 틀렸던 보기나 유제 문제들을 다시 풀어본다. 다시 풀어서 맞혔다면 체크 위에 동그라미 표시를 하고 만일 또 틀린다면 또 틀렸다는 표시를 해야 한다. 그래야 계속 반복해서 틀리는 문제를 골라낼 수 있다.

이렇게 체크해 놓는 것은 나중에 『정석』을 반복할 때 시간을 줄이는 열쇠가 된다. 처음부터 맞추었던 문제를 계속 반복해서 풀 필요는 없기 때문이다.

복습이 끝나면 이제야 그날의 진도가 시작된다. 복습 과정이 길다고 느껴질지 모르지만 생각보다 길지는 않다. 봤던 것을 다시 보는 데는 시간이 그만큼 적게 걸린다. 다시 한 번 강조하지만 진도를 나가는 것이 목적은 아니다. 이런 식으로 진도를 나가서 한 단원을 끝내더라도 아직 다음 단원으로 넘어가기에는 이르다.

우선 연습 문제는 놓아두자. 난이도가 상당히 어려운 편이라 처음부터 굳이 손댈 필요는 없다. 그리고 다시 단원의 처음으로 넘어간다. 개념을 보면서 복습하고 그 단원의 틀렸던 문제들을 다시 풀어본다. 이와 같은 방법을 취하면 한 단원의 개념 학습을 적어도 4번 이상은 하게 된다. 그런 후, 다음 단원으로 넘어간다. 다음 단원도 같은 방법으로 공부한 후 그 다음 단원으로 넘어가는 것이 아니라, 앞에 배웠던 단원들을 간단하게 복습한다. 문제를 다시 다 풀 필요는 없지만 단원의 맨 앞에 나와 있는 설명은 한 번쯤 꼼꼼히 읽어보는 정도로 한다.

진도가 3분의 1이나 2분의 1 정도 나가면 다시 맨 앞으로 한 번 돌아오는 일이 필요하다. 『정석』은 생각보다 두껍다. 그리고 아무리 복습했다고 해도 앞 부분은 잊어버렸을 가능성이 많다. 그러므로 적당히 끊어서 다시 맨 앞으로 돌아온다. 다시 복습하면서 개념을 읽고 틀렸던 기본 문제와 유제들을 풀어본다. 틀린 문제와 맞은 문제에 다시 체크하고 넘어간다. 그리고 뒷부분도 계속 이와 같은 방법으로 한다.

단원별로 끊어서 복습하라

　　　　　　　　복습은 단원별로 이루어져야 한다. 그렇다고 꼭 단원의 순서에 맞춰서 할 필요는 없다. 사람마다 어려운 단원이 얼마든지 다를 수 있기 때문이다. 바람직한 방법은 '어려운 단원'에 집중하는 것이다. 처음 수학 공부를 할 때는 단원별로 투자하는 시간이 비슷하다. 어차피 다 모르는 것이고 공부하는 데 걸리는 시간은 비슷하다. 하지만 보고 나면 이해도는 천차만별이다. 바로 와 닿는 단원이 있는가 하면, 몇 번을 봐도 이해가 잘 안 되는 단원이 있다. 이때 처음부터 꾸준히 복습하는 것은 어리석은 짓이다.

　복습할 때는 단원별로 끊어서 어려운 부분을 중점적으로 해야 한다. 그리고 한 단원에 나오는 특정 개념이 이해가 안 된다면 단원 전체를 보는 것이 좋다. 수학만큼 개념과 개념 사이에 연관성이 강한 과목도 없다. 하나를 모른다면 주변의 개념까지 애매할 가능성이 농후하다. 공부하는 김에 확실히 하고 넘어가야 한다.

　나는 『정석』의 목차에도 표시를 해 두었다. 마치 기본 문제와 유제에 체크 표시와 동그라미 표시를 해 놓듯이, 단원별로 어려운 부분에는 체크 표시를 하고 자신 있고 쉬운 단원에는 그냥 넘어간다는 표시를 했다. 그리고 복습할 때는 어려운 단원 위주로 했다. 복습이 끝나면 했다는 표시도 하고 다른 단원과 비교하면서 자신의 단원별 학습 상황도 확인했다.

수학 문제집에는 두 가지 형태가 있다. 단원별로 문제가 나누어져 있는 형태와 모의고사 형태로 복합적으로 나와 있는 것. 수학을 연습하는 단계라면 단원별 문제집을 풀어야 한다. 모의고사 형태의 문제집을 푸는 것은 나중이다.

단원별로 문제집을 푸는 가장 큰 이유는 단원별 실력을 확인하기 위해서이다. 종합으로 된 문제집을 풀면 자신의 점수가 100점 만점에 몇 점으로 드러날 뿐이지 단원별로 실력이 어떤지를 알기는 힘들다. 하지만 단원별로 나누어져 있는 문제집을 풀면 자신의 실력이 확연히 드러난다.

개념만 확실하면 문제 풀이는 쉽다

『정석』은 수학의 개념과 원리 중심인데 비해 고등학교 수학 교육의 초점은 문자를 해석하는 능력에 맞추어져 있다. 수능이든 내신이든 어렵게 계산만 하도록 하는 문제는 출제되지 않는다. 『정석』으로 수학의 개념을 확실히 다졌다면 이제 문자를 해석해 연관시켜 수식화하는 능력을 익혀야 한다.

『정석』만 열심히 봤다면 문장 형식으로 나와 있는 문제를 풀었을 때 기대 이하의 점수가 나올 수 있다. 왜냐하면 아직 실전 문제에 적응하는 능력을 기르지 않았기 때문이다. 하지만 이는 걱정하지 않아도 된다. 『정석』을 열심히 보았다면 문제에 익숙해지는 것은 금방이다. 문자로 나열된 문제의 유형이 정말 다양하지만 문제집 한 권만 풀어 보면 대부분의 유형을 접할 수 있다. 내가 보기에 모의고사 한 회를 풀었을 때 새로운 유형의 문제라고 할 수 있는 것은 고작 5~6문제에 불과했다. 나머지는 숫자와 표현 방식이 다르지만 결국 다른 곳에서도 다 찾아볼 수 있는 문제들이었다.

그렇다고 문제집을 너무 많이 풀어볼 필요는 없다. 유형별로 다양하게 나와 있는 문제집을 한두 권 골라서 고등학교 시험 문제가 어떤 유형으로 출제되는지 그 유형을 익혀라. 문제집 한 권에는 정형화되어서 출제되는 문제 유형 대부분이 수록되어 있다. 수학 점수가 올라가기 시작하는 것은 바로 그 순간부터다. 새로운 문제를 풀어 보겠다고 문제만 많이 풀어 보는 것은 별로 좋지 않다. 앞에서 말했듯이 새로운 유형은 그리 많지 않다. 그리고 자신이 풀어본 새로운 유형의 문제가 꼭 수능에 나올 것이라는 보장도 없다.

# 수학적 해석 능력을
길러라

수학 문제 출제 경향이 문자 중심이라는 말은 해석이 중요하다는 뜻이다. 수식화된 식을 푸는 일은 누구나 할 수 있다. 문제는 글을 자신에게 필요한 숫자나 영역으로 재구성하는 사고력이다.

개념을 배우고 공식을 암기했다면 이제 필요한 일은 문제의 독해 능력을 기르는 일일 것이다. 독해 능력은 크게 두 가지로 나눌 수 있다. 하나는 순수하게 국어로만 되어 있는 문장을 수식화하는 일이다. 확률이나 통계 부분에서 주로 이런 문제가 나온다. 공식만 몇 개 암기했다고 문제를 풀 수는 없다. 또 하나는 수학적 기호로 축약되어 있는 말을 해석하는 일이다. 두 번째 경우의 예시를 들어보자.

$f(x, y) = \{ (x, y) \mid Max(\mid x \mid, \mid y \mid) < 1 \}$ 이것을 좌표 평면에 나타내어라. 단 $Max(a, b)$ 는 a와 b 중 작지 않은 수를 나타낸다.

이는 공통수학 부등식의 영역 부분에서 가져온 문제이다. 문제를 풀기 위해 특별한 공식을 알아야 할 필요는 없다. 단지 문자를 해석하고 함수를 좌표 평면에 표시하기만 하면 된다. 게다가 Max의 의미를 잘 모르는 학생들을 위해서 설명까지 붙어 있다.

일단 이 함수는 점인가? 선인가? 면인가? 차근차근 하나씩 해석해 나가야 한다. 문제에서 묻고 있는 것은 함수의 좌표가 좌표 평면에 나타났을 때이다. 집합의 정의에 따라 좌표는 (x, y)로 표시된다. 이것만으로는 아직 점, 선, 면 중 무엇인지 전혀 알 수 없다. 그래서 '|' 이하의 부분을 보았더니 어떤 x, y들이 함수에 들어갈 수 있는지를 적어 놓고 있다. 이제 주목할 부분은 'Max($|x|$, $|y|$) < 1'으로 좁혀진다. Max의 의미가 작지 않은 수를 나타낸다는 말은 크거나 같은 수를 나타낸다는 뜻이다. 헷갈린다면 본인이 예를 한 번 들어 적어보아도 괜찮다. Max(3, 5) = 5가 될 것이다. Max($|-3|$, $|2|$) = $|-3|$ = 3이 될 것이다. 이렇게 정의에 따라 문자가 아닌 자신이 쉽게 파악할 수 있는 숫자로 적어보면 간단하다. 그렇다면 본 식에서 둘 중, 크거나 같은 숫자 하나가 정해지는 값이 되는데 그 값이 1보다 작아야 한다. 어떤 경우에도 $|x|$와 $|y|$는 1보다 작아야 할 것이다. 그래서 문제를 풀어보면 $-1 < x < 1$, $-1 < y < 1$ 이 된다. 최종적으로 이것을 그래프로 그려보면 경계를 포함하지 않는 사각형의 영역

이 된다. ||

　고등수학으로 갈수록 중요한 것은 공식 하나 하나의 암기가 아니다. 더욱 축약된 기호와 약속을 이해하고 자신에게 맞는 언어로 다시 해석하는 일이다. 수학적 언어 능력을 키워라. 그것이 수학을 잘하는 지름길이다.

푸는 양보다 틀린 문제 피드백이 중요

        수학 문제를 풀 때는 푸는 양보다 질이 더 중요하다는 점을 깨달아야 한다. 반복이 일정 이상 이루어지고 나면 그 이후로는 가장 효과를 보지 못하는 과목이 수학이다. 예를 들어 언어나 외국어는 비슷한 주제의 지문을 읽고 또 다른 지문을 읽고 계속 반복하면 실력 향상이 이루어진다. 하지만 수학은 지수 단원 문제를 풀고 또 푼다고 해도 실력이 계속 향상되지는 않는다. 문제를 푸는 속도가 조금씩 향상되겠지만 큰 의미는 없다. 수학 시험에서 계산할 시간이 없어 문제를 풀지 못하는 것이 아니기 때문에 계산은 너무 느리지만 않으면 된다. 그래서 반복이 어느 정도 이루어지면 반드시 다음 단계로 넘어가야 한다.

    그리고 단원별로 문제를 풀 때 틀린 문제를 확실히 보충하는 것이 중요하다. 틀린 문제를 단순히 해설만 보고 외워서는 안 된다. 어떤 개념을 자신이 잘 몰랐기 때문에 틀렸는가를 확실히 짚고 넘어가야 한다. 쉬운 문제를 10개 푸는 것보다 틀린 문제를 한 번 제대로 복습하는 것이 더욱 효과가 있다. 이렇게 문제를 다시 풀어 보고 복습을 한 뒤에 자신에게 어렵게 느껴지거나 아니면 특별히 중요하다고 생각되면 당연히 오답노트에 옮겨 적은 뒤 다음에 다시 또 풀어보아야 한다.

수학 문제 풀이를 연습할 때는 걸리는 시간에 신경 쓰지 않는 것이 좋다. 수학은 처음에 시간이 많이 걸리는 과목이다. 왜냐하면 약속의 언어를 배우는 과목이기 때문이다. 수식과 논리를 보다 간결하게 표현하기 위해 사용하는 수학적 기호는 모두가 동의하는 약속이다. 하지만 그 약속에 익숙해지기 위해서는 당연히 시간이 걸린다.

어려운 문제,
가지고 다니면서 풀어라

　　　　　　　　　　수학에 쓸 수 있는 시간은 제한되어 있다. 그렇기에 수학 실력에 어느 정도 자신감이 생겼다면 쉬운 문제는 넘어가고 자신에게 적절히 도전감을 주는 문제를 풀어라.

　수학 문제를 풀다 보면 난해한 문제들이 정말 많다. 정확히 말하면 풀이 자체가 난해하다기보다는 실마리를 찾지 못해, 아는 공식을 사용하는 문제일지라도 풀지 못하는 경우가 생긴다. 이럴 때는 정답을 보고 싶은 욕구에 휩싸인다. 어떻게 해야 할까? 실력에 따라 대처 방법이 다르다.

　자신의 실력이 별로 좋지 않고, 아직 수학 공부가 제대로 완성되지 않았다면 적당히 생각하고 해설을 보라. 그럴 때는 실마리만 못 잡은 것이 아니라 아예 제대로 모르는 문제일 가능성이 높다. 계속 생각한다고 답이 튀어나오는 것은 아니다.

　자신의 실력에 자신이 있다면 문제를 잡고 늘어져라. 실전에서도 얼마든지 자신이 모르는 문제가 출제될 수 있다는 것을 염두에 두고 문제를 다각도로 접근해보아야 한다. 어떤 단원의 문제인가가 파악되었다면 그 단원에서 기억나는 것들을 종이에 한번 써보는 것도 실마리를 찾을 수 있는 좋은 방법이다. 그리고 문제도 계속 반복해서 꼼꼼히 읽어 보라. 반드시 문제 자체에 힌트가 있다.

수학 수업 시간이 끝나고도 모르겠다면 문제를 메모지에 적어서 휴대해서 다녀라. 그리고 쉬는 시간에 가끔씩 펼쳐보면서 고민해보아라. 시간이 흐르고 상황이 바뀌면 머릿속의 생각도 바뀐다. 전혀 엉뚱한 상황에서 문제를 풀 수 있는 실마리를 발견할 수 있을지도 모른다. 물론 한 문제를 가지고 너무 오래 끌면 안 된다. 하루나 이틀이 지나도 도저히 모르겠다면 답지를 보거나 선생님께 여쭤어보아라. 개인적으로 답지를 보는 것보다 선생님께 질문하는 것을 추천한다. 왜냐하면 보통 해설에는 문제에 접근하는 방법이 적혀 있지 않다. 바로 특정한 공식을 써서 문제 해설에 들어간다. 독자는 그 해설을 보고 '아! 이 공식을 사용하는 것이었구나!' 하고 알게 된다. 하지만 선생님께 여쭤어보면 문제에 접근하는 방법을 알 수 있다.

반드시 어려운 문제를 풀어야만 수학 실력이 향상되는 것은 아니다. 하지만 고득점을 위해서는 어려운 문제를 극복해내야만 한다. 사실 수학만큼 시험에서 점수를 예측하기 힘든 과목도 없다. 특히 실력이 중간층일수록 더욱 그렇다. 어렵게 출제되는 문제에 접근을 못하면 아예 문제 자체를 풀 수가 없다. 그래서 고득점으로 가기 위해서는 어려운 문제를 고민해보는 과정이 반드시 필요하다.

심화 과정은 '단원별 연관성'에 있다

수학 공부를 하는 것은 차곡차곡 벽돌을 쌓아가는 것과 비슷하다. 아래 것을 쌓지 않으면 위의 것을 절대 쌓을 수 없다. 뒤의 단원을 먼저 공부할 수 있는 경우는 거의 없다. 앞의 것을 먼저 공부해야 한다. 이렇게 수학은 진행 방향이 정해져 있을 뿐만 아니라 단원별 연관성이 상당히 높다.

수능 출제 문제는 사고력을 요구하는 문제이기 때문에 여러 단원을 복합적으로 응용한 문제가 출제되기도 한다. 그리고 그런 문제는 백이면 백 고득점 문제이다. 단원별 연관성을 따로 공부하는 방법은 없다. 교과서에 이 단원은 저 단원과 연관성이 깊다고 쓰여 있지도 않을뿐더러, 그렇게 적혀 있다고 한들 어떤 연관성이 있는지 알 수 없다.

단원이 복합적으로 응용된 문제가 어려운 이유는 다음과 같다.

첫째, 문제에서 여러 단원이 복합적으로 연계되어 있다는 사실 자체를 발견하기 힘들다.

둘째, 연관된 단원은 알겠는데 개별 단원 하나가 헷갈리는 부분이 있다. 특히 이러한 부분은 공통 수학이 간접 출제되었을 때 많이 나타나는 현상이다. 연관되어 있다는 것은 알겠지만 오래 전에 배운 것이라 공식과 원리가 잘 기억나지 않아 문제가 어렵게 느껴진다.

셋째, 복합적인 적용이 어려운 문제이다. 해설을 보면 신기할 정도로 서로 다른 단원이 응용적으로 맞아 떨어지는 경우가 있는데, 개별 단원을 이해하고 있다고 해도 다른 단원을 응용하는 과정을 생각해내지 못하면 문제를 풀기 힘들다.

그렇다면 이러한 문제들은 어떻게 풀어야 하는가? 단원별 연관성을 공부하는 방법은 문제를 풀면서 몸으로 터득하는 수밖에 없다. 다양한 유형의 문제를 풀어보는 목적 중 가장 큰 이유가 바로 이것이다. 수학의 세계는 넓고 심오하다. 우리의 상상력을 넘어서 단원들이 연계된다. 여러 단원이 복합된 문제가 나오면 어떤 식으로 복합되었는가를 주의 깊게 살펴보길 바란다.

3

외국어영역,
수능만을
볼 것인가

> 영어는 매일 꾸준히 해야 한다. 모국어가 아니기 때문에
> 하루라도 거르면 학습의 흐름이 끊긴다. 단어를 외우든,
> 문법을 공부하든, 듣기를 하든 상관없다. 매일 공부하는
> 것이 중요하다.

# 내신 영어는
교과서 위주로 하라

            내신 영어는 수능 공부와는 조금 달라야 한다. 그래서 교과서를 위주로 이루어져야 하며 순수한 영어 공부보다는 교과서를 암기하는 것에 가깝다. 배운 것을 바탕으로 문제가 출제되는 만큼 세부적으로 문제가 나올 수 있다.

    수업 시간에는 아는 사항이라도 노트에 기입하는 것이 좋다. 다른 과목 내신 시험도 다 마찬가지지만 결국 배운 것 안에서 문제가 출제되기 때문이다.

    시험공부를 할 때 본문을 적어가며 외울 필요는 없다. 하지만 중요한 단어나 어구 등은 외울 필요가 있다. 나는 외워야 될 만한 것에는 동그라미로 표시했다. 동그라미가 표시된 단어나 어구는 일종의 예상 문제이다. 지문에 빈칸이 나오는 문제가 출제된다면 동그라미 표시가 된 문제에서 나올 것이라는 생각으로 공부했다.

    교과서의 흐름을 계속 읽고, 핵심 단어 어구를 외우며 수업 시간에 강조한 사항들만 공부한다면 내신 영어 성적을 올리는 것은 그리 어렵지 않을 것이다.

# 영어 공부,
조금씩이라도 매일 하라

영어도 결국은 언어 능력을 측정하는 시험이다. 국어는 굳이 언어 지문을 따로 읽지 않더라도 일상에서 대화를 하고 다른 교과목 교과서를 보는 것 자체가 공부가 된다. 하지만 영어는 다르다. 언어 능력이긴 한데 영어로 표기되고 진행되는 과목은 사실상 영어 시간밖에 없다. 따로 공부하지 않으면 머릿속의 영어 능력은 계발되지 않는다.

만일 일주일에 외국어를 공부할 시간이 4시간밖에 없다고 한다면 나누어서 매일 꾸준히 하는 방법을 택하는 편이 낫다. 특히 모국어가 아니기 때문에 하루라도 거르게 되면 학습의 흐름이 끊기기 마련이다. 공부할 시간에 단어를 외우든, 문법을 공부하든, 듣기를 하든 상관없다. 어쨌든 매일 공부해야 한다.

독해 스킬은
독(毒)이다

인터넷 강의나 학원 강사 중 특정 독해 스킬을 알려주는 사람들이 있다. 하지만 그런 독해 스킬들은 전혀 도움이 되지 않는다. 스킬은 일정한 유형에만 맞도록 되어 있다. 그 유형을 벗어나면 적용하기 힘들다. 확실히 이러한 독해 스킬을 사용하면 문제는 금방 맞힐 수 있다. 그리고 때로는 자신의 실력을 넘어선 점수를 획득할 때도 있다. 하지만 다른 과목은 몰라도 영어만큼은 좀 장기적인 안목으로 해나가길 바란다.

독해 스킬은 기존에 정형화된 문제를 대상으로 조금 더 빨리 답을 구하기 위한 일종의 요령이다. 하지만 수능에서는 언제나 새로운 문제가 등장한다. 모의고사가 수능을 위한 연습이기는 하지만 그대로 나오지는 않는다. 모의고사의 패턴에만 익숙하게 독해 스킬을 사용해서 문제를 풀다 보면 수능에서 새롭게 등장하는 유형의 문제는 풀수 없게 된다. 독해 스킬은 일시적 기폭제라 볼 수 있다. 단기적으로는 성적을 올릴 수 있을지 모르지만 결국에는 효과가 없다. 기폭제의 달콤한 맛에 빠져들다가는 그것이 독약으로 변해 실력을 좀먹는 것도 알아차릴 수 없게 된다.

영어 공부를 하는 이유가 단지 입시 때문만은 아닐 것이다. 현실에서 영어는 어디에서나 어느 곳에서나 사용되고 있다. 대학에 입학하면 결국 자신이 고등학교 때 쌓은 실력을 바탕으로 영어를 더 배우게 되는데, 그때는 더 이상 객관식 문제는 존재하지 않는다. 원서를 보고 공부하면서 맨 앞과 뒤의 문장만 보고 핵심이 되는 의미를 찾아낼 수는 없다. 객관식 문제만을 위한 영어 공부는 한계에 부딪히고 만다. 단어 한 개를 더 아는 것이 도움이 되는 것이지, 독해 스킬을 아는 것이 도움되지는 않는다.

# 영어 공부의 핵심은
단어 암기

영어 공부에도 순서가 있다. 기초는 단어 암기다. 나는 1학년 때 영어 단어를 몰랐다. 특별히 학원을 다니면서 영어를 배운 적도 거의 없고 중학교 때 교과서를 배우고 온 것이 전부였다. 그래서 처음 본 모의고사는 충격적이었다. 이전까지의 영어 시험은 아는 범위 내에서만 출제되는 중학교 내신 시험이 다였으므로 그리 어렵지 않았다. 하지만 모의고사는 알려주고 출제되는 시험이 아니다. 범교과적인 소재로 다양한 문제가 등장한다. 첫 모의고사를 치른 느낌은 도저히 '모르겠다'였다. 답을 구하고 못 구하는 것은 중요한 문제가 아니었다. 읽을 수는 있었지만 모르는 단어가 태반이었다. 그래서 필자는 고등학교에 입학한 후 매일 영어 단어만 외우고 또 외웠다. 학기 초기에는 무엇을 공부해야 할지 잘 몰랐고 학교에 매일 남아서 야간 자습을 3시간 강제로 해야 했기 때문에 그 시간에 무작정 단어만 외웠다. 중간고사 시점이 다가오니 다른 과목들도 공부해야 했기에 영어 단어에만 집중할 수 없었다. 그래서 영어 단어 외우는 시간을 줄이되 효율은 더욱 높이는 방법을 강구하지 않으면 안 되었다.

방법을 강구하면서 원칙을 세웠다. 영어 단어가 가장 우선이었던 만큼 원칙은 반드시 지키겠다고 마음먹고 영어 공부를 하기로 했다.

첫 번째 원칙은 일주일에 닷새 동안 매일 25개 이내의 영어 단어를 외운다는 것이었다. 시험 기간이나 모의고사를 보는 날이나, 방학이고 상관없었다. 무조건 일주일에 5일은 한다고 결심했다.

두 번째 원칙은 하루에 세 번 복습한다는 것이었다. 복습이 길 필요는 없었다. 아침에 등교해서 한 번 복습하고, 점심시간에 밥 먹고 한 번, 저녁에는 야간 자율학습 시간이 되기 전에 한 번 하면 되었다. 복습이라고 해도 단어를 다 쓰는 것이 아니라 눈으로 보고 입으로 외우는 것이 전부였다. 암기가 주목적이 아니라 익숙해지는 것이 주목적이었기 때문이다.

생생학습법 || 세부적으로 복습하는 방법은 이러하다.

첫째 날 단어를 외운다. 이날 외운 것들은 ①이라고 하자. 그리고 둘째 날은 ②, 셋째 날은 ③, 이런 식으로 표시한다고 가정하자. 첫째 날 아침 ①을 외운다. 25개의 단어를 외우고 영어 단어장에 적는다. 그리고 점심시간이 되면 다시 ①을 5번 반복해서 읽는다. 영어 단어는 입으로 발음하되 뜻은 따라 읽을 때도 있었고 그냥 머릿속으로만 생각하기도 했다. 외우는 것이 아니라 단어장에 적힌 것을 보고 따라 읽는 것이므로 얼마 걸리지 않는다. 저녁 시간이 되면 다시 ①을 5번 읽는다. 하루의 공부가 끝났다.

둘째 날이 되었다. ②를 외우기 전에 우선 ①을 5번 따라서 읽는다. 그리고 ②를 외운다. 점심시간이 되면 이제 ①은 한 번만 따라서 읽고 ②는 5번 따라서 읽는다. 저녁이 되면 같은 형태로 ①은 한 번, ②는 5번 읽는다.

셋째 날이 되었다. 아침에 우선 ①을 한 번, ②는 5번 읽는다. 그리고 ③을 외운다. 점심시간이 되면 ①, ②는 한 번씩 읽고 ③을 5번 읽는다. 저녁 시간이 되면 마찬가지의 복습을 반복한다.

넷째 날, 다섯 째 날도 마찬가지로 학습이 진행된다.

여기서 독자들은 의문이 생길 것이다. 단어를 복습해야 하는 분량이 쌓이면 복습하는 것 자체가 불가능해질지도 모른다고. 맞는 말이다. 그래서 여섯 째 날부터는 조금 달라진다.

만일 월요일부터 단어를 외우기 시작했다면 다시 월요일일 것이고 아무튼 자신이 단어 암기를 시작한 것과 같은 요일이 되었을 것이다. 무슨 요일에 단어 암기를 시작했는가는 중요하지 않다. ①, ②, ③, ④를 한 번씩 읽고 ⑤를 5번씩 읽는 일일 것이다. 그리고 ⑥을 외운다. 이제 점심시간이 되어 다시 복습할 시간이 되었다. 이때 복습할 분량에서 ①이 빠진다. 즉 이날 점심에 복습할 분량은 ②, ③, ④, ⑤를 한 번씩, ⑥을 5번 하는 것이 된다. 저녁시간도 점심시간과 같은 것을 복습한다.

일곱 째 날에는 ②, ③, ④, ⑤를 한 번씩, ⑥을 5번 읽고 ⑦을

암기한다. 점심시간이 되면 이제 ②가 빠진다. ③, ④, ⑤, ⑥을 한 번씩 ⑦을 5번 복습한다. ||

이 단어 암기법의 핵심은 단어 암기를 하되 복습에 초점을 맞추는 것이다. 하지만 모두 복습할 수는 없으므로 복습하는 분량은 최근의 5일치만 하도록 하고 시간이 지난 분량은 반복하는 범위에서 제거하는 것이다. 이 정도면 크게 부담스럽지 않다. 그리고 한 단어에 대해서 계속해서 반복(5번 × 3회 + 1번 × 3회 × 4일 = 27번)이 이루어지기 때문에 확실하게 기억할 수 있다.

그리고 단어를 외울 때는 관련된 문장을 최소한 한 개 정도는 보는 편이 낫다. 뜻을 외우면 영어 단어의 어감을 쉽게 알아차릴 수 없는데 어감은 실제 문장에서 보아야만 알 수 있다. 뜻을 보면 같은 단어들이라고 하더라도 실제 문장에서 쓰일 때는 다른 의미나 용도로 쓰이는 경우가 많다. 그러므로 단어 모음집을 사서 단어를 외운다면 꼭 단어 밑에 예시 문장이 있는 단어집을 사는 것이 좋다.

이렇게 단어를 외우고 2학년이 되어 모의고사를 보니 확실히 차이가 보였다. 비록 독해 능력이 부족하긴 했지만 최소한 모르는 단어는 없어졌다. 나중에 안 사실이지만 고등학교에서 출제되는 단어 수가 대략 5,000개 정도라고 한다. 모르는 단어도 조금씩 나오기는 했지만, 모의고사 지문을 읽는 데 단어 때문에 못 읽는 것은 거의 없게 되었다.

하지만 일 년간 투자한 시간에 비해 영어 성적은 크게 오르지 않았다. 적당히 독해, 문법을 공부한 주변의 친구들이 오히려 성적은 더욱 많이 올랐다. 하지만 2학년이 되고 첫 모의고사를 본 후에는 모르긴 몰라도 내 점수는 계속 오를 것이라는 확신이 들었다.

일단 기초인 단어가 되면 영어에 자신감이 생긴다. 문법을 잘 모른다고 하더라도 아는 단어만 있다면 어떻게든 해석해보려고 덤비게 된다. 그리고 그런 과정 속에서 영어 실력이 는다. 하지만 단어를 잘 모른다면 지문을 보기조차 싫어진다. 문장을 해석해보니 이게 핵심 문장이고 핵심 동사인 것 같은데 뜻을 전혀 모르겠다면 해석은 이미 물 건너간 것이다. 독자들도 필자가 제시한 방법으로 영어 단어부터 외우고 자신감을 가지도록 하자.

 # 문법,
독해와 함께 공부하라

단어가 영어의 기초라면 문법은 영어 독해의 기초이다. 단어를 아는 것은 필수적이다. 하지만 단어를 안다고 영어를 해석할 수는 없다. 간단한 문장이라면 단어만 보고도 뜻을 끼워 맞출 수 있다. 하지만 문장이 복잡해지면, 같은 단어를 사용하더라도 문장의 의미가 얼마든지 달라질 수 있다.

그래서 영어 문법은 확실히 공부해야 한다. 특히 영어의 문장 구조는 우리말과 상당히 다르다. 일본어는 단어를 외우고 문법을 조금만 익히면 해석이 의외로 간단하다. 국어와 같은 문장구조를 취하고 있기 때문에 단어를 보고 머릿속에서 우리말 구조에 따라 해석을 해도 자연스럽기 때문이다. 하지만 영어는 다르다. 주어를 보고 나면 바로 서술어가 따라 나온다. 우리말 형식으로 하면 바로 문장이 끝난 것이다. 뒤에 붙는 말은 사족이 된다. 그러나 영어에서는 그 말들이 중요하다.

영어 문법을 다룬 교재는 수도 없이 많고 학교에서도 끊임없이 문법 수업을 한다. 하지만 많은 수의 학생들이 문법을 어려워한다. 그리고 독해 실력이 좀처럼 늘지 않는다고 불평한다. 이것은 문법을 배울 때 문법 문제를 풀기 위해 문법을 배웠기 때문이다.

가령 영어 문법에서 수동태를 배웠다고 하면, 학생들은 수동태가 등장하는 문법 문제를 예시로 풀어볼 뿐이다. 실제 문장에서 수동태가 어떻게 등장하는가는 관심 밖인 경우가 많다. 다른 문법 사항들도 마찬가지다. 문법을 위한 문제만 찾지 지문 속에서 실제로 어떻게 쓰이는가는 보지 않는다. 그래서 문법을 배우고 난 뒤에 또 다른 연습이 추가로 필요하다.

단어를 외웠고 문법 사항을 다 배웠다면 수능 정도의 지문은 다 해석할 수 있어야 한다. 하지만 많은 학생들이 문제를 겪는 것은 배운 문법을 적용하지 못하기 때문이다. 필자가 권유하는 방법은 지문을 붙잡고 천천히 연습하는 것이다.

우선 독해 문제집을 한 권 구입하라. 그리고 독해할 때 한 문장 한 문장마다 어떤 문법 사항이 쓰였는지를 다 분석하면서 독해하라. 시시한 문장도 주어 + 서술어로 이루어져 있다고 표시하고 복잡한 문장에는 분사구문에 시제가 있고, 뒤에 to 부정사도 쓰였다는 등등, 이런 사실들을 전부 표시해 가면서 천천히 읽어 보아라. 이렇게 하면 처음 한 시간 동안은 2~3개 지문 정도를 다룰 수 있었다.

해석도 우리말 형식으로 따로 하지 말고 어색하지만 영어의 흐름을 따라서 직독직해 방식으로 해야 한다. 자연스러운 한국어로 번역하려고 너무 애쓸 필요는 없다. 문장이 길어지면 시간이 너무 오래 걸릴 수도 있다. 문장을 자연스럽게 바꾸려고 하면 자꾸 의역을 하는데, 의역은 처음 영어 해석을 연습하는 데는 결코 좋은 방법이 아니다.

이 연습의 목적은 문법이 실제로 문장에서 어떻게 쓰이는가를 파악하는 것이다. 몇 개의 지문을 이렇게 하고 나면 뒤는 일일이 표시할 필요는 없다. 하지만 머릿속으로는 생각하면서 해야 한다. 또한 억지로 번역하지 말고 직독직해 그대로를 머릿속으로 받아들이도록 한다.

속도는 전혀 걱정하지 말라. 이미 단어를 알고 문법을 알고 있다면 금세 익숙해지게 된다. 처음에는 한 시간에 2~3개의 지문을 할 수 있을 정도지만 그 속도는 계속 빨라진다. 나중에는 문법 사항을 전혀 고려하지 않고 읽는 학생들보다 더욱 빠른 속도로 지문을 읽을 수 있게 된다. 문법을 알고 있다면 중간에 길고 어려운 문장이 나와도 구조를 보며 자연스럽게 해석하고 넘어갈 수 있기 때문이다.

영어는 우리말이 아니다. 단어를 안다고 대충 해석할 수도 없다. 특히 고등학교 수준을 넘어서 어려운 글로 갈수록 문법의 중요성은 더욱 커진다. 의미 전달을 대충 할 수는 없지 않은가?

언어가 의사소통을 정확하게 하기 위한 도구라면 문법은 그것을 규정하는 틀이라고 할 수 있다. 정확한 독해를 위해서는 문법을 심도 있게 공부해야 한다. 그것이 수능에서 고득점을 받을 수 있는 비결이며 나아가 영어 자체를 잘하는 비결이다.

문법은
천천히 이루어진다

　　　　　　문법 공부를 해도 독해가 잘 안되
는 이유는 문법은 한 가지를 배웠다고 해도 다른 문법들을 모르면 독
해 자체가 안 되기 때문이다. 수학과 비교해 보자. 수학은 한 단원을
배우면 한 단원의 문제를 풀 수 있다. 단원별로 완성형 제품과 같이
바로 사용할 수 있다. 하지만 언어에는 그런 명확한 구분이 없다. 가
정법만 배워서 독해할 수 있는 지문이란 존재하지 않는다. 한 문장은
해석 가능하지만 지문 하나를 다 읽고 문제를 풀 수는 없다. 중요한
문법 사항 중 하나만 덜 배우더라도 지문을 능수능란하게 해석할 수
없다. 그래서 문법을 배워도 독해가 잘 되지 않는다는 불안이 생기는
것이다. 말하자면, 문법은 독해에 필요한 부분을 거의 다 배웠을 때
효과가 드러난다고 할 수 있다.

　하나를 배웠다고 하나를 풀 수 있는 것이 아니니 조급하게 굴지
말고 기다려라. 문법이 일정한 목표에 다다르면 해석은 자연히 이루
어질 것이다.

 ## 듣기,
틈새 시간에 꾸준히 하라

듣기는 어떻게 공부해야 할까? 필
자의 최대 약점은 영어였는데 그중에도 듣기가 가장 약했다. 단어를
몰라서 못 듣는 부분도 적잖이 있겠지만 1학년 때는 아예 들리지 않
아서 듣기 문제의 절반 가량을 틀렸다.

듣기는 꾸준히 해야 점수가 오른다. 읽기는 천천히라도 읽으면 되
지만 듣기는 한 번에 들어야 한다. 반복해서 듣는 것은 괜찮지만 속
도를 더 늦춰서 듣는 것은 별 의미가 없으므로 들릴 때까지 들어야만
한다.

듣기를 잘하기 위해서는 평상시에 익숙해져야 한다. 평소에 영어
지문은 자주 보지만 듣기는 얼마나 하는가? 영어 듣기 공부 시간을
따로 빼놓는 학생은 거의 없다. 영어 듣기를 전혀 연습하지 않다가
갑자기 시험을 치르면 성적이 잘 나오지 않는 것은 당연하다.

나는 과감하게 mp3 플레이어 안에 든 가요들을 지우고 영어 듣
기 파일만 남겼다. 그렇다고 거창하게 하루에 몇 시간씩 들은 것은
아니다. 기껏해야 통학하는 시간이나 점심시간 정도뿐이다. 영어 듣

기를 하는 데 그 정도면 충분하다. 조금씩 들으면서 천천히 익숙해지는 것이 목표였다.

영어 듣기 성적을 올리고 싶다면 꾸준히 들어라! 그리고 아무리 귀찮더라도 듣기 형식의 문제를 끊임없이 풀어보아야 한다. 많은 사람들이 듣기에 소홀한 이유는 독해 점수가 더 큰 이유가 있지만, 귀찮고 번거롭기 때문인 부분도 있다. CD가 있으면 파일을 추출해야 하고, 인터넷에 파일이 있으면 다운 받아야 하며, 그것을 mp3 플레이어에 또 넣어야 한다. 조금만 부지런하게 움직여서 듣기 연습을 하라. 통학 시간에 듣고 하루에 추가로 20분 정도만 더 들으면 된다. 잠자기 전에 라디오를 청취한다는 생각으로 꾸준히 들으면 성적이 오른다.

시험 볼 때도
요령이 있다

모의고사 시험지를 받으면 어떤 순서로 문제를 푸는가? 영어 시험의 흐름을 한번 점검해보자.

시험이 시작되면 듣기 문제의 시작을 알리는 방송이 흘러나온다. 이때 대부분의 학생들은 듣기 바로 다음에 나오는 독해 문제를 푸는데 여념이 없다. 영어 실력에 자신이 있다면 괜찮지만 그렇지 않다면 별로 좋은 방법은 아니다. 특히 듣기에 자신이 없다면 이러한 방법을 사용해서는 안 된다.

듣기 파트는 꼭 듣기 방송이 흘러나와야만 시작되는 것이 아니다. 문제가 시작되기 전에 미리 보기를 읽어보고 어떤 문제가 등장할 것인지 예상하는 것도 문제 풀이의 일부이다. 듣기 방송이 나오기 전에 시간이 남는다면 전체적인 흐름을 한번 짚어보자. 어떤 문제들이 나올지, 그림으로 출제되는 문제는 어떤 것들이 있는지 살펴봄으로써 듣기 문제에 친숙해지는 것이다. 그리고 1번 문제가 시작되기 전에 보기들을 다 읽어본다. 어떤 문제가 나올지 예상해 보고 마음을 차분히 한다. 1번 문제는 보통 쉽지만 첫 문제라 긴장이 많이 되기도 하고 다음 문제를 위해서라도 꼭 맞출 필요가 있다.

그리고 듣기 문제들 사이에 시간이 빈다면 다음 문제를 보는 것이 좋다. 많은 학생들이 시간을 아껴 뒤의 독해 문제를 풀려고 하지만 이는 소탐대실(小貪大失)하는 역효과를 낳는다. 실제로 쓸 수 있는 시간 자체가 얼마 되지 않을 뿐 아니라 그러다 듣기 대비를 제대로 하지 않아 놓치는 문제가 생기기라도 하면 낭패이다. 독해 문제는 뒤에 다시 풀 수 있지만 듣기는 한 번 들려주면 끝이다.

사실 듣기 중간에 독해 문제를 풀 수 있는 여유를 가진 학생은 영어를 잘하는 일부 학생밖에 없다. 그리고 그런 학생들이 듣기 중간중간에 미리 뒤의 독해 문제를 푸는 것은 시간을 아껴서 독해 문제를 잘 풀려고 하기보다는 시험을 빨리 끝내고 싶어서인 경우가 대부분이다. 괜히 어중간하게 듣기와 독해, 둘 다 잡으려고 하다가 다 놓치는 수가 있으니 듣기를 할 때에는 듣기에만 집중하는 편이 좋다.

듣기가 끝나면 쉬운 문제가 몇 개 나오고 문법·어법 문제가 나온다. 바로 나오는 문제를 풀고 혹시나 문법·어법 문제가 어렵다면 과감히 넘어가라. 많은 학생들이 문법·어법 문제에 취약하다. 게다가 수능에서는 항상 모의고사에서 보던 뻔한 패턴의 문법 문제가 나오지 않는다. 보통 새로운 유형이다. 자신이 없다면 아예 계획을 세우고 문법·어법 문제는 나중에 풀도록 한다.

독해를 할 때는 해석이 잘 안 된다고 그 문제만 붙잡고 늘어져서는 안 된다. 한 문제당 주어진 시간은 짧다. 독해가 될 것 같아서 계속 붙잡고 있다가는 다른 문제를 푸는 데 써야 할 시간을 낭비하게 되어 시험을 망친다. 그러므로 독해를 할 때는 원칙을 세우고 하는 것이 좋다. 나는 독해 지문을 한 번 보고 다시 대충 훑어보아도 감이 오지 않으면, 과감히 넘어간다는 것을 원칙으로 세웠다. 잘 모르겠으면 그냥 별표를 치고 넘어갔다. 일단 풀 수 있는 문제들을 다 풀고 시간이 되면 그 문제들을 자세히 보았다.

듣기할 때는 듣기에 집중하고, 독해를 할 때는 어떤 식으로 지문을 풀지 미리 생각해 놓으면 시험 시간에 당황하지 않는다. 듣기 시간에 다른 학생들의 시험지 넘기는 소리가 휙휙 들리더라도, 바로 앞자리에 앉은 전교 1등이 문제를 다 풀고 편안하게 있더라도 자신만의 확고한 원칙만 있다면 흔들리지 않고 시험지를 다 풀 수 있다.

다양한 매체보다
수능 영어에 집중하라

외국어를 공부할 때 다양한 매체를 활용하라는 말을 듣는다. 하지만 나는 이에 전혀 동의할 수 없다. 보통 다양한 매체라고 하면 수능에 나오는 영어보다 어려운 것이 태반이다. 수능 독해가 제대로 안 되는 실력을 가지고 원서로 된 책이나 잡지를 읽기 힘들며, 수능 듣기도 제대로 되지 않는다면 CNN이 들릴 리가 없다. 나는 영어가 약점 과목이었기에 공부 방법을 다양하게 알아보았는데 다양한 매체로 공부하라는 말은 기만에 가깝게 들렸다. 그런 방법은 이미 수능 외국어 정도는 뛰어 넘는 실력을 가진 학생이 대학교를 가기 전에 미리 심화 학습을 하는 것에 가까웠다.

나처럼 실력이 좋지 않다면 차라리 수능 영어에 집중하는 것이 좋다. 다른 매체에 나오는 단어나 구문이 수능에 나올 확률이 얼마나 된다고 생각하는가? 그 시간에 수능 관련 문제집, 모의고사를 푼다면 거기서 나오는 지문이나 단어가 수능에 출제될 가능성이 훨씬 높다. 수능을 공부하기 위해서는 수능과 가장 가까운 것을 공부해야 하며, 그것이 바로 모의고사와 수능 대비용으로 만들어진 문제집이다.

4

탐구영역,
마지막
역전의 기회

"
탐구영역은 공짜로 점수를 얻는 과목이 아니다. 3학년 때
주요 과목을 소홀히 한 채 탐구영역에 많은 시간을 쏟아
붓지 말고 꾸준히 공부해 탐구영역에서 낭패를 보는 일
이 없도록 하자.
"

연관성 있는 과목을 선택하라

　　　　　　　　　　　주요 과목에 대한 설명은 문·이과에 상관없이 대부분이 공통적이다. 하지만 탐구영역은 사회와 과학이라는 판이한 것으로 갈린다.

　나는 문과생으로 사회 탐구영역을 공부했다. 그래서 탐구영역에 관한 글은 대부분이 문과에 해당하는 말임을 미리 밝혀둔다. 이과생들이나 직업탐구영역을 보는 학생들은 자신들에게 해당된다고 생각되는 부분만 참고하면 된다. 문과에서 사회탐구영역의 수는 11개로 상당히 많다. 조합을 배웠다면 그중에서 3개를 택하는 경우가 몇 가지나 되는지 한번 계산해보아도 좋다. 무려 165가지나 된다. 여기서 중요한 것은 바로 '연관성'이다.

　3과목을 선택하는데 눈감고 찍어서 나오는 3과목을 선택하지는 않는다. 최대한 연관성이 짙은 과목들을 선택하려고 한다. 그래야 시너지 효과를 얻을 수 있기 때문이다. 예를 들어 한국 근·현대사를 택했다면 보통 국사도 함께 선택한다. 그리고 경제지리를 선택했다면 세계지리나 경제를 택하는 것도 큰 도움이 된다. 경제지리, 세계지리, 경제 이렇게 세 과목을 선택하면 학습 분량이 2과목을 공부하는 것과 비슷하다. 많은 학생들이 최소 2과목 정도는 서로 연관이 있도록 선택한다.

또 하나 생각해 볼 점은 필수 선택 과목이다. 서울대의 경우 사회탐구에서 국사 시험을 보아야만 정시 지원이 가능하다. 그래서 상위권 대학을 생각하고 있는 학생들은 대부분 국사를 선택한다. 성적이 아무리 좋게 나오더라도 국사를 선택하지 않았다면 서울대에 입학할 수 없기 때문이다.

그리고 상위권이 아니더라도 국사는 1학년 때부터 배우기 때문에 많은 학생들이 선택한다. 학교별로 배우는 사회탐구 과목이 천차만별일지라도 국사는 공통적으로 배운다.

그 다음은 과목의 난이도이다. 앞에서 과목의 난이도나 표준점수 등을 신경 쓰지 말고 과목 선택을 하라고 했지만 많은 학생들은 어렵고 딱딱한 과목보다는 조금이라도 더 쉬운 과목을 선택하려고 하는 것이 현실이다. 그래서 응시자가 많이 몰리는 과목은 매년 비슷하다.

결정적으로 학교에서 어떤 과목을 가르치는가의 여부도 학생의 선택을 제한한다. 사실 앞의 요소를 다 덮어버릴 정도로 이 요인이 크다.

학교에서 가르치는 과목을 버리고 탐구영역을 자신의 취향에 맞게 선택하는 학생은 거의 없다. 그렇기 때문에 사실 학생들이 할 수 있는 선택의 폭은 165가지가 아니라 10~20가지 이내로 줄어든다.

과목 선택이 중요하긴 하지만, 더욱 중요한 것은 그 과목에서 자신이
어떤 성과를 내느냐일 것이다.

공짜로 점수를 얻는 과목이 아니다

　　많은 학생들이 착각하는 것 중 하나가 3학년이 되면 탐구영역의 점수는 저절로 오른다고 생각하는 것이다. 점수가 공짜로 올라가는 과목은 없다. 다만 선배들의 탐구영역 점수가 3학년이 되어서 오르는 것은 그만큼 그들이 거기에 시간을 쏟아부었기 때문이다. 특히 탐구영역을 금방 공부할 수 있다 생각하고 2학년 때 손도 대지 않고 있다가는 큰 코 다치기 쉽다.

　　3학년이 되면 탐구영역에 많은 시간을 쏟아부어야 한다. 계획표를 짜서 매주 몇 시간씩 공부하고 단원별로 문제도 계속 풀어야 한다. 그리고 한 번에 많은 시간을 집중적으로 하기보다는 꾸준히 해야 한다는 것을 알아두어야 한다. 많은 학생들이 3학년 여름방학 때 탐구영역을 집중적으로 해서 성적을 올리겠다고 말한다. 물론 여름방학 때 집중적으로 해서 성적을 올릴 수도 있다. 하지만 그것은 한두 과목일 경우에 그렇다. 사실 두 과목만 되어도 교과서를 한 번 다 읽는 데 많은 시간이 소요된다. 3학년 여름방학 때 탐구영역에 집중하다가 주요 과목 성적이 떨어지면 더 큰 손해다.

나도 나머지 과목에 비해 국사가 좀 미진해서 여름방학 때 집중적으로 학습하다 많은 시간을 소비해 결국 탐구영역의 비중을 높여 다시 시간표를 조절했다.

과목당 50점밖에 되지 않는다고 방심하고, 공부하면 성적이 금방 나올 것이라고 믿은 게 사실이다. 특히 사회·문화는 가장 가볍게 생각했던 과목이었는데 수능에서 낮은 점수를 받았다. 처음에는 억울하고 아쉬웠지만 지금 생각해보면 그만큼 공부를 안 했으니 그런 성적을 받은 것 같다.

지금 말하고자 하는 바는 탐구영역을 만만히 보지 말라는 것이다. 시험의 난이도는 자신이 조절할 수 있는 것이 아니다. 탐구영역을 가볍게 생각했을 때 낭패를 볼 수 있다는 점을 염두에 두고 공부에 매진하기 바란다.

1학년이라면 아직 걱정할 필요는 없다. 하지만 2학년이라면 탐구영역도 수능 과목이라는 마음가짐으로 준비해야 하고, 3학년이라면 당장 공부 비중을 늘려야 한다. 특히 3학년 여름방학이나 이미 2학기에 돌입했다면 주요 과목을 유지하고 탐구영역 성적을 올리는 데 주력하는 편이 좋다. 그나마 공부를 해서 단기간에 성적을 올릴 수 있는 과목이기 때문이다.

5

제2외국어,
짬 내서
점수 올려라

"제2외국어를 공부하겠다고 따로 학원을 다닐 필요는 없
다. 이유는 그렇게 어렵게 출제되지 않기 때문이다."

학교에서 배우는 언어를 선택해라

　　　　　제2외국어를 선택하는 일 또한 매우 중요하다. 우선 꼭 필요한 것인가 의문을 던지고, 공부할 필요가 있다는 확신이 들면 그때 확실히 공부해야 한다. 제2외국어를 필수로 반영하는 대학은 서울대를 비롯하여 몇 개 되지 않는다.

　제2외국어를 선택할 때 유의할 점은 통계로 나와 있는 성적만 보고 선택해서는 안 된다는 것이다. 가령 많은 사람들이 선택하고 또 잘하는 일본어는 한 개만 틀려도 등급이 내려간다. 하지만 한문은 한두 개쯤 틀려도 등급이 내려가지 않기도 한다. 그리고 최근 유행하는 아랍어는 어차피 다 모르기 때문에 남들보다 조금 잘 찍기만 해도 점수가 잘 나온다. 그러나 단지 성적을 위해 일본어를 버리고 아랍어를 선택한다면 올바른 선택이라 할 수 없다.

　성적은 본인 하기 나름이다. 점수를 따기 쉬운 과목을 선택했다고 점수를 잘 받는 것이 아니다. 표준 점수가 높은 과목에서 자신이 많이 틀리면 낮은 점수를 받고 표준 점수가 낮은 과목에서도 다 맞추면 높은 점수를 받는다. 그리고 백분위는 만점을 받으면 잘 나오는 것이 당연한 일이다. 대학에서 표준 점수도 중요하게 여기지만 그런 상대성을 고려해 백분위를 중시하는 대학도 있다는 점을 명심하라.

또한 제2외국어는 대학에서 자신의 강점으로 작용한다. 영어도 중요하지만 제2외국어 능력도 점점 필요해지고 있다. 고등학교에서 제2외국어 시험을 본다는 것은 문과 학생이라는 말인데, 문과 학생들에게 어학 능력은 거의 필수가 되었다. 보통 대학에 가서 택하는 제2외국어는 자신이 고등학교 때 배웠던 언어인 경우가 많다. 아무래도 처음부터 새롭게 배우는 것보다 고등학교에서 배운 것이 더 쉽고 익숙하기 때문이다. 전공마저도 그와 관련해서 정해지는 경우도 있다. 서울대 인문대학에는 역사 관련 학과가 국사학과, 서양사학과, 동양사학과, 이렇게 3개가 있다. 가령 한 학생이 역사를 전공하고 싶은데 어떤 과가 더 적합한지 잘 모른다고 하면 자신이 하는 언어가 큰 영향을 끼칠 수 있다. 만일 제2외국어로 한문을 배웠다면 국사학과를 선택할 가능성이 높고 일본어나 중국어를 했다면 동양사학과를 선택할 가능성이 크다. 반대로 독일어나 프랑스어를 했다면 서양사학과를 선택할 가능성이 높다. 언어를 배우면서 그 문화도 배우고 자연스럽게 관심도 가지게 되기 때문이다.

하지만 제2외국어의 선택이 그리 자유로운 것은 아니다. 보통 선택은 학교에서 배우는 언어로 제한된다. 그리고 그 학교가 외고나 국제고 등의 특수목적 고등학교가 아니라면 가르치는 언어는 기껏해야 2개에서 많으면 3개 정도로 제한된다. 어릴 때 외국에서 살다온 경험이 있어 특정 언어를 선택하는 것을 예외로 하면, 일반 학생들의 선택은 그 안에서 결정된다. 학교에서 가르쳐 주지도 않는 언어를 제2외국어 시험을 보겠다고 따로 배우는 것은 권하고 싶지 않다. 학교에서 배우는 언어 중 자신이 조금이라도 더 잘할 수 있는 언어를 선택하는 것이 현명한 방법이다.

# 야금야금,
짬 내어 공부하라

제2외국어를 공부하겠다고 따로 학원을 다닐 필요는 없다. 이유는 제2외국어는 그렇게 어렵게 출제되지 않기 때문이다. 수준을 고려해서 문제를 낸다. 언어영역은 모국어이기 때문에 어렵게 출제하지만 영어는 그보다는 쉽게 낸다. 그리고 제2외국어는 더 쉽게 문제를 낸다. 출제자들이 목표하는 수준은 고등학교 때 제2외국어를 열심히 배웠다면 다 맞힐 수 있는 문제를 내는 것이다.

제2외국어 공부를 하는 방법은 외국어영역 공부법의 축소판이라고 보아도 무방하다. 우선 필요한 단어를 암기한다. 한문이라면 한자가 될 테고 나머지 언어들은 학교에서 배우고 시험에 등장하는 단어들을 암기한다. 단어 암기 방법은 영어 단어처럼 외우면 되고 필요한 문법 사항들을 배운다. 낮은 수준이기 때문에 배워야 하는 문법은 영어에 비해 훨씬 양이 적다. 그리고 문법을 배우고 나면 적용 과정도 간단하다. 왜냐하면 출제되는 지문의 길이가 영어에 비해 현저히 짧기 때문이다.

단어를 외우고 문법을 배우고 나면 문제집을 한 권 사서 연습하면 된다. 제2외국어는 문제집이 별로 많지 않다. 그 말은 문제의 유형이 그렇게 다양하지 않다는 것이다. 사실 EBS에서 나오는 제2외국어 문제집 한 권만 사서 풀어도 충분하다고 생각한다.

그렇다면 언제부터 공부하는 것이 좋을까? 자신이 제2외국어 시험을 봐야 할 것 같다면, 선택은 2학년 초에 이루어져야 한다. 그래야 수업 시간에 무엇을 집중해서 들어야 할지 결정할 수 있기 때문이다. 그리고 준비는 2학년 겨울방학 때 잠깐 하는 것도 좋다. 여유가 조금 있을 때 최소 필요한 단어라도 정리해서 외운다면 3학년 때 시간을 아낄 수 있다.

이후 본격적인 공부는 3학년 때 이루어진다. 하지만 제2외국어에 너무 많은 시간을 쏟아붓지는 마라. 과목별 비중은 분명히 낮다. 제2외국어를 반영하지 않는 대학이 태반이고 탐구영역의 대체 과목 하나로 반영하는 대학도 많다. 제2외국어를 필수로 반영하는 대학조차도 제2외국어가 합격을 판가름 낼 정도로 큰 비중을 차지한다고 보지 않는다. 나는 제2외국어로 선택한 한문을 공부하면서 주요 과목의 공부 시간을 뺏고 싶지는 않았다. 그래서 선택한 방법이 3학년 점심시간에 공부하는 것이었다. 점심을 일찍 먹고 와서 단어를 외우거나 학교 공부를 복습하곤 했는데 그 시간을 제2외국어에 투자했다. 그렇게 한문 문제집 한 권을 다 보고 나니 제2외국어 시험을 보는 데는 별 문제가 없었다.

6

논술,
현재 수준에서
생각하라

> 가장 중요한 일은 글을 쓰는 것이다. 논술 책이나 인터넷
> 에서 주제를 하나 골라 하루에 한 편씩 글을 적도록 한다.
> 많이 쓸수록 글쓰기 실력이 좋아진다.

# 논술 문제는
고등학생 수준이다

입시에서 논술이 중요하게 대두된데는 논술이라는 교과목이 없기 때문이라고 생각한다. 만일 고등학교에 정식으로 논술이라는 과목이 있어 매주 학생들이 글쓰기를 연습하고 피드백이 이루어진다면 논술에 관해 그렇게 걱정하거나 염려할 필요는 없을 것이다.

나도 논술 학원을 잠깐 다녀봤지만 큰 도움이 되지는 않았다. 그래서 논술 관련 책을 한두 권 사고, EBS 논술로 공부했다.

나는 글감으로 교과서를 활용하였다. 인용할 때 심오한 철학자의 말이나 책 등을 언급하는 학생들도 많은데, 잘 모르는 것을 인용하기보다는 교과서가 나을 것 같았다. 주로 활용한 교과서는 사회·문화였다. 수능을 보기 위해 교과서를 닳도록 봤으니 어디에 무슨 내용이 있는지는 이미 다 알고 있었다. 사회·문화 교과서에는 고등학교 수준에 맞는 용어나 일부 이론들이 소개되어 있었다. 그리고 다양한 세계의 다양한 문화를 예시로 소개해 놓은 부분이 많아서 그것들도 글에서 예시로 사용하기에 적절했다.

실제로 교수들이 논술 채점을 하면 학생들이 글을 알고 인용했는지, 모르고 인용했는지 정도는 얼마든지 파악할 수 있다. 글의 깊이와 인용 정도를 보면 금방 드러난다. 어설프게 멋진 말을 끌어오다가 감점을 받기도 한다. 그럴 바에는 차라리 자신이 잘 아는 것을 고등학교 수준에서 사용하는 편이 훨씬 낫다.

가장 중요한 일은 글을 쓰는 것이다. 필자는 비록 첨삭 지도를 받지 않았지만 논술 책이나 인터넷에서 주제를 하나 골라 하루에 한 편 글을 적었다. 첨삭을 받으면 확실히 잘못된 부분을 알 수 있어서 좋긴 하지만 그렇지 않더라도 글을 쓰는 것 자체가 중요하다. 많이 쓸수록 글쓰기 실력이 좋아진다는 것을 느낄 수 있다.

책 읽기,
일기 쓰기를 습관화하라

평소에 논술 공부를 하지 않다가 막상 수능 끝나고 시작하려면 막막하다. 많은 학생들이 단기간에 끝내기를 원하지만 단기간에 끝내기 가장 힘든 것이 논술이다. 사고 능력이 그렇게 한순간에 길러지는 것이 아니다. 아무리 단기간에 하려고 해도 그동안 뭐라도 쌓아 놓은 것이 있어야 한다.

거창하게 준비할 필요는 없다. 아침에 집에 오는 신문을 읽고 주말에 여유가 있을 때 책도 조금 읽고, 자신의 생각을 기록하는 일기를 가끔씩 써보는 것으로 충분하다.

여기서 중요한 것은 자신의 생각을 정리하는 것이다. 신문을 보라고 해서 스포츠 기사만 보라는 말이 아니다. 칼럼도 보면서 무언가 의견이 있다면 자신의 입장도 한 번쯤 생각해보아야 한다. 그리고 책을 읽고 난 후, '감동적이다', '재미있었다'는 한 마디로 감상평을 끝내지 말고 조금 더 깊게 생각해보는 습관을 들이도록 하자.

## PART 5

공부는 남이 아닌
나를 위한 것이다

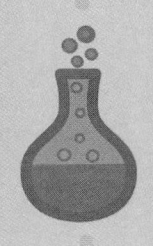

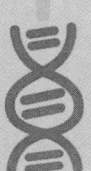

$$a^2 + b^2 = c^2$$

치밀하게 계획을 세워라
나를 위해서 공부하라

1

치밀하게
계획을
세워라

"개개인마다 취약 과목과 잘하는 과목이 다 다르고 중요하게 생각하는 부분이 다르다. 그렇기에 자신의 사이클에 따라 시간 배분을 잘 해야 효율적인 공부가 이루어진다."

일주일 단위로
생각하라

단기 계획 수립방법에 대해서 알아보자. 장기 계획이 목표를 세우는 과정이었다면 단기 계획은 그것들을 하나씩 실천해 가는 과정이라고 할 수 있다. 장기 계획에서는 구체적으로 당장 오늘, 현재 해야 할 일들이 손에 잡히지가 않는다. 현재, 오늘 해야 할 일들을 정해주는 것들이 단기 계획이라고 할 수 있다. 몇 가지 과정을 거쳐서 계획을 짜보자. 그리고 앞에 '스스로 학습 플래너가 되어라'에서 필자의 고교 3학년 2학기 계획표를 공개했다. 그렇다면 그것을 어떻게 작성했는지 그 순서와 작성 원칙을 자세히 알아보자.

첫째, 표를 그린다. 표는 가로 8칸, 세로 18줄 정도로 그린다. 세로는 개인에 따라 좀 더 많을 수도 있고 적을 수도 있지만 가로는 8칸이어야 한다. 단기 계획은 기본적으로 일주일을 단위로 해서 이루어진다. 생활 패턴을 짤 때는 주기적 순환이 있어야 한다. 일반 고등학생이라면 보통 일주일을 단위로 순환이 이루어지기에 표를 그릴 때 일주일 순환을 담을 수 있는 모양으로 그린다. 그런 이유로 가로는 8칸이 된다. 한 칸은 시간을 적고 나머지 일곱 칸은 요일을 적는다. 가로에는 요일을 적고, 세로에는 1시간 단위로 시간을 끊어 적는다. 하루가 24시간이라고 다 적을 필요는 없다. 기상 시간과 취침 시간을 시작과 끝으로 적으면 된다. 그래서 세로에 필요한 줄의 수는 사람마다 다르다. 나는 새벽 6시에 기상해서 밤 11시 반쯤 취침하는 것으로 적었다.

둘째, 필수 항목들을 철저하고 꼼꼼하게 기입한다. 필수 항목이라고 하면 수정이 불가능하거나 꼭 특정한 일을 해야 하는 항목들을 이야기한다. 가령 학교 수업 시간은 내가 통제할 수 있는 시간이 아니다. 특정 시간에는 무조건 특정 수업을 듣도록 시간표를 짠다. 일반 고등학생은 학교 시간표를 표에 옮기고 나면 표가 상당히 꽉 찰 것이다. 단 여기서 주의해야 될 점은 세세하게 기록해야 한다는 것이다. 학교 수업이 그냥 오전 9시부터 오후 4시까지라고 네모난 직사각형을 그려서는 안 된다. 중간에 쉬는 시간 10분, 점심시간 등은 자신의 통제영역이다. 시간은 자신이 쪼개 쓰는 만큼 더 쓸 수 있다. 그러므로 명확히 구분해 놓을 필요가 있다. 나는 기상과 취침시간을 먼저 기록했다. 생활 패턴은 규칙적으로 돌아가기 때문에 바뀔 염려가 없어서 일단 그 시간을 먼저 적었다. 그리고 다음으로 학교 수업 시간을 기입했고, 평소 생활 패턴을 기억하면서 통학 시간, 식사 시간을 기입했다.

셋째, 시간을 찾고 레벨을 매긴다. 일주일 중 꼭 필요한 시간들을 빼고 나면 정작 정말 자유롭게 마음껏 사용할 수 있는 시간은 생각보다 그리 많지 않다는 것을 알 수 있다. 하지만 모두에게 주어진 조건은 비슷한 법이다. 관건은 그렇게 남은 시간을 어떻게 사용하느냐에 있다. 이제 자신에게 주어진 시간을 계산해야 하는데, 모든 시간을 결코 동급으로 취급해서는 안 된다. 누누이 언급했지만 집중이 잘되는 시간과 안 되는 시간이 있고 연결되어 길게 쓸 수 있는 시간과 자투리로 조금씩 쓸 수 있는 시간은 질이 다르다.

시간에 등급을 매겨라

　　　　　　　　필요에 따라 시간을 몇 단계로 구분할 필요가 있다. 우선 핵심적으로 중요한 시간이 얼마나 되는지 살펴보자. 야간 자율학습 시간이나 주말의 한산한 오후 시간이 대표적인 예가 될 것이다. 또 정신이 멀쩡하고 집중이 잘 되는 시간이긴 하지만 그 시간이 별로 길지 않은 경우도 살펴보았다.

　마지막으로 학교 쉬는 시간처럼 자유롭게 쓸 수는 있지만 시간도 짧고 별로 집중할 수 없는 시간도 있다.

　대충 크게 나누어 보면 몇 가지 정도로 분류해 볼 수 있다.

① 온전히 집중해서 공부할 수 있고, 끊어지지 않는 경우
② 집중할 수 있으나 1시간 이내로 그리 길지 않은 경우
③ 학교 쉬는 시간, 학교에 도착한 후 수업을 시작하기 전 시간처럼 자유롭게 쓸 수는 있으나 실효성이 크게 높지 않은 경우
④ 통학 시간처럼 매일 이루어져 중복으로 쓸 수 있는 시간

사람마다 기준도 다르고 더 세세하게 또는 더 크게 나누어 볼 수도 있다. 나는 대략 이렇게 4가지로 나누어 놓고 시간을 계산해보았다. 그런 다음 각 과목별로 시간을 분배해야 한다. 일주일에 특정 과목에 몇 시간을 투자할 것인가는 자신의 선택이다. 개개인마다 취약 과목과 잘하는 과목이 다 다르고 중요하게 생각하는 부분이 다르기 때문이다. 그렇기에 구체적으로 특정 과목에 몇 시간을 투자하라고 조언하기보다는 시간 배분 기준만을 설명하도록 하겠다.

앞에서 시간에 레벨을 매기고 단계별로 나눈 이유는 당연히 모든 시간이 같지 않다는 전제하에, 특정 시간에는 맞는 일을 하는 것이 효율적이라는 사실을 알리기 위해서였다. 시간 배분을 할 때 시간 ①, ②, ③, ④의 총합으로 나누는 것이 아니라 각 시간에 대해서 따로 배분해야 한다. 시간 ④의 경우, 통학 시간에 중복으로 할 수 있는 공부는 상당히 제한되어 있다. 영어 듣기나 영어 단어 복습(외우는 것이 아니다) 정도이다. 필자는 영어 듣기가 약했기 때문에 영어 듣기로 모든 통학 시간을 중복 사용했다.

시간 ③은 집중력이 그렇게 높은 시기가 아니므로 새로운 공부보다는 복습에 치중하는 것이 좋다. 가령 아침에 학교에 등교하면 비교적 한산하고 조용하지만 그리 길지 않고 좀 피곤한 시간대라서 집중력이 그다지 높지 않다. 영어 단어를 외운다거나 어제 했던 공부를 복습해보는 것이 좋다.

쉬는 시간도 철저하게 활용해야 한다. 수업 시간표를 보고 10분이라도 복습이 필요한 과목은 쉬는 시간에 복습한다. 복습이 필요 없다고 생각되는 과목이 끝난 후에는 영어 단어를 외우거나 친구들과 이야기를 하며 쉬어도 좋다.

①, ②는 좀 더 엄격하게 시간을 분배할 필요가 있다. 다음은 내가 세운 기준이다.

첫째, 가능하면 골고루 분배해야 한다.

자신이 특별히 강한 과목이라고 해서 시간을 적게 넣고 취약한 과목을 너무 많이 분배하는 일이 없어야 한다. 어느 정도 편차는 있을지언정 특정 과목에만 편중해서는 안 된다. 의외로 계획을 세우지 않는 많은 학생들이 이 원칙에서 벗어나 있다. 특히 고3은 더 그러하다. 균형을 맞추지 않으면 시간을 적게 투자한 과목은 자신이 잘하는 과목이었더라도 성적이 떨어지기 십상이다.

둘째, 언어와 외국어는 매일 꾸준히 한다.

수학은 긴 시간을 확보해 한 번에 길게 집중해서 한다. 언어와 외국어는 '언어'를 사용하는 과목들이기 때문에 매일 꾸준히 하면서 감을 잡아줄 필요가 있다. 나는 일이 생겨서 공부를 거의 못하는 날이 생기더라도 최우선 순위를 언어와 외국어로 잡고 최소 몇 문제, 몇 분이라도 매일 하려고 노력했다. 반대로 수학은 뇌가 활성화되는 데 시간이 걸릴 뿐만 아니라 스스로 빠져드는 재미를 느낄 수 있도록 이틀 또는 사흘에 한 번씩 길게 공부했다.

셋째, 가능한 한 구체적으로 잡는다.

그냥 어떤 시간에 어떤 과목을 공부할 것이라고 적는 데서 그치면 안 된다. 과목명뿐만 아니라 어느 단원의 문제를, 얼마나 어떻게 할 것인지 구체적으로 적는다. 일종의 데드라인 역할을 하면서 긴장감과 효율을 높여준다. 이런 경우 시간표의 큰 틀은 매주 유지되지만 세부 사항들은 매주 바뀌어야 함을 알 수 있다. 한 주의 계획을 미리 짜기가 힘들기 때문에 필자는 이런 방법을 택했다. 고정된 시간 일정은 그대로 놔두고 종이에 출력한다. 그리고 세부적으로 적어야 할 부분들은 공부할 당일 아침에 채워 넣었다.

넷째, 일정을 너무 빡빡하게 잡지 않는다.

계획을 철저하고 꼼꼼하게 하라는 말은 기계처럼 10분 모두를 공부로 채우라는 말이 아니다. 쉬는 시간도 포함하면서 통제 가능하도록 하라는 말이다. 너무 빡빡하게 일정을 잡아 계속 달성하지 못하면 계획에 대한 자신감도 잃고, 다른 계획도 다 망가지게 된다.

다섯째, 특정일은 그 시간에 끝내려고 노력하되, 안 되면 그것을 보충할 마무리 시간을 가진다.

데드라인이 있으면 반드시 못 지키는 과목이 생기기 마련이다. 그렇다고 해서 그것을 무리하게 잡고 있으면 다른 과목도 꼬이게 된다. 타임오버가 되면 목표 달성이 안 되더라도 과감하게 넘어가야 한다. 그리고는 마무리 시간을 두어 못한 일들을 모아 한 번에 처리하는 것이 좋다. 마무리 시간은 매일 조금씩 가질 수도 있고, 일요일처럼 한 주를 최종적으로 마무리하는 날에 집중해서 할 수도 있다.

2

나를
위해서
공부하라

" 1시간을 공부한다면 성적이 달라지고 인생이 바뀔까? 아마 아닐지도 모른다. 하지만 1시간을 그냥 놀면서 보낸다면? 앞의 경우보다 더욱 예상하기 쉬울 것이다. "

인생에서
1시간의 의미란

　　　　　　　　　　가장 공부를 많이 해야 하는 시기임에도 불구하고 가장 놀고 싶은 시기가 고등학교 시기일 것이다. 아무리 공부를 잘하고 많이 하는 학생이라 하더라도 놀고 싶은 마음은 언제나 있다. 다만 차이점은 그 마음을 알아서 스스로 통제하고 조절하는 데 있다.

　공부법만 소개하다 보니 내가 단 한 시간도 놀지 않고 공부만 했던 것처럼 느껴질지 모르겠다. 하지만 그랬던 것은 아니다. 나도 혈기왕성한 고등학생이었다. 1학년 때 모의고사가 끝난 날은 항상 노래방에 갔으며 중간고사와 기말고사가 끝난 후에 꼬박꼬박 챙겨서 놀고는 했다.

　하지만 2, 3학년 때는 노래방도 가지 않고, 시험 끝난 주말도 조금만 놀고 공부했는데 아무래도 마음가짐이 바뀌어서 그랬던 것 같다. 1학년 때는 시험 보고 공부해도 별로 효율이 오르지 않는다면 차라리 스트레스도 풀고 친구들과 우정도 쌓는 것이 낫다고 생각했다. 그때는 1시간 더 공부해도 성적이 오르지 않을 것이라고 짐작했기 때문이었다.

학년이 올라가고 나서 보니 그 말이 잘못된 것은 아니었지만, 생각이 바뀌었다.

지금 1시간을 더 공부한다고 해도 성적이 오르지 않을지도 모른다. 하지만 확실한 것은 공부하지 않는다면 성적은 영원히 오르지 않는다는 점이다.

잠깐의 휴식을 거부하라는 말이 아니다. 다만 지나친 휴식을 취할 때는 지금의 1시간이 나중에 어떤 의미로 다가올지 한 번쯤 생각해보기 바란다. 1시간을 공부한다면 성적이 달라지고 인생이 바뀔까? 아마 아닐지도 모른다. 하지만 1시간을 그냥 놀면서 보낸다면? 앞의 경우보다 더욱 예상하기 쉬울 것이다.

모든 것은 본인에게 달렸다. 1분을, 1시간을, 오늘 하루를 어떻게 보낼 것인가는 자신의 선택이다. 그리고 그 결과 또한 결국 자신의 몫일 것이다. 시간은 거짓말을 하지 않는다. 공부를 잘하는 학생이 부럽다면 그 학생이 쌓은 시간의 무게를 자신의 것과 비교해보라. 놀면서 보냈던 한 시간이 쌓이면 얼마나 크게 되는가를 알 수 있을 것이다.

후회하지 않도록,
지금 당장 실천하라

　　　　　해야 할 것이 가장 많으면서도 가
장 놀고 싶은 시기는 고등학생 시절이다. 호기심이 가장 왕성한 나이
임에도 불구하고 입시라는 목표 때문에 학교를 다녀야 하는 것이 현
실이다.

　졸업한 후에 고등학생 시절을 떠올리면 무엇이 생각날까? 입시와
공부를 가장 먼저 떠올리는 사람이 있는가 하면, 친구, PC방, 판타지
소설, 만화책, 노래방 등을 먼저 떠올리는 사람들도 있다. 그 사람이
고등학생 시절 무엇에 주력했는지, 아니면 그 사람이 아쉬워하는 것
이 무엇인지를 알 수 있다. 공부를 선택하라고 강요하고 싶지는 않
다. 다만 앞에서도 말했지만 후회하지 않으면 된다. 고등학교 시절이
끝나고 자신의 선택을 돌아보았을 때 후회하지 않을 자신이 있다면
무엇이든 해도 좋다고 생각한다.

　단호하게 말하지만, 수능 대박은 없다. 수능 대박이라는 환상만이
있을 뿐이다. 환상을 쫓다가는 아무것도 얻지 못한다. 글을 시작하면
서도 필자는 환상을 버리라고 충고했고 그것을 잊을 만한 때가 되었

기에 다시 상기시켜 주는 것이다.

생텍쥐페리는 이렇게 말했다.

"만약 배를 만들고 싶다면 사람들을 불러 모아 목재를 마련하고, 임무를 부여하고, 일을 나누어줄 것이 아니라, 그들에게 무한히 넓은 바다에 대한 동경을 가르쳐라."

이 책을 읽는 독자들에게 목표에 대한 동경은 충분히 있을 것이다. 그렇다면 이제 남은 일은 실천뿐이다. 이상과 실천은 인간의 두 다리처럼 함께 서서 간다. 다만 수능 대박이라는 환상을 가지고 한쪽 다리만 길게 만들다 보면 어느 곳도 제대로 가지 못하는 절름발이가 될 뿐이다.

자신만의
주 무기를 찾아라

　　　　　　　　나는 공부 방법을 끊임없이 개량해야 한다고 믿는다. 다만 공부 방법을 바꾸는 데는 위험부담이 따르고 시간이 걸린다는 점을 말하고 싶다. 그렇다면 어느 때 공부 방법을 바꾸면 좋지 않은지 그 시기에 대해서 잠시 비유적으로 말해보고자한다.

　공부와 시험의 관계는 군대의 훈련과 전쟁의 관계와 비슷하다. 평소에 공부하면 시험에서 좋은 성적을 거둘 수 있다. 훈련도 평소에 열심히 하면 전쟁에서 좋은 결과를 거둘 수 있다. "지금의 땀 한 방울이 나중의 피 한 방울을 아낀다"라는 말이 있다. 수험생에게는 "지금의 땀 한 방울이 나중의 눈물 한 방울을 아낀다"라고 하면 바로 와닿을지도 모르겠다. 전쟁의 시기가 가까워올수록, 큰 시험이 다가올수록 훈련과 공부는 더욱 치열해져 간다. 그리고 이상하게도 전쟁의 시기가 다가올수록 남의 무기가 탐나 보인다. 자신이 하던 공부 방법이 맞는지 의심이 생기고 쓸데없는 걱정이 든다. 그리고 몇몇은 공부 방법을 바꿔보기도 한다.

전쟁터에서는 각자 자신의 무기로 싸우는 법이다. 포병이 쏘는 포가 멋져 보인다고 전쟁터에서 소총병이 포를 쏠 수는 없다. 포가 소총보다 화력이 좋다고 하더라도 소총병이라면 소총을 써야만 더욱 좋은 결과를 거둘 수 있다. 소총병이 소총을 버리고 탱크를 탄다면 무기 자체의 화력은 탱크가 좋다고 할지라도 탱크를 몰 줄 모르면 무용지물이다.

자신의 주 무기를 바꾸는 일은 전쟁 직전에 할 수 없다. 주 무기를 바꾸는 데는 긴 시간이 요구되며 그 기간 동안은 결과가 더 나쁠 수도 있다. 전쟁터에서 자신의 주 무기를 버리고 더 좋아 보이는 무기를 선택하는 행위는 바로 죽음으로 이어진다.

자신의 실력을 가장 잘 발휘할 수 있는 순간은 자신이 써오던 무기를 사용했을 때라는 것을 잊어서는 안 된다.

실천 없이 꿈만 홀로 가는 것은 없다. 희망, 꿈, 목표를 세우고 실천과 함께 한다면 먼 훗날, 자신 앞에 '노력의 결실'이라는 아름다운 선물이 놓여 있을 것이다.